9 50 €

Günter Amendt
No Drugs – No Future

GÜNTER AMENDT

NO DRUGS NO FUTURE

DROGEN IM ZEITALTER DER GLOBALISIERUNG

Europa Verlag
Hamburg · Wien

Für ihre Ratschläge danke ich
Jana Reidenbach, Felix Reidenbach
und Werner Heine.

Erstausgabe
© Europa Verlag GmbH Hamburg, Juli 2003
Umschlaggestaltung: Felix Reidenbach, www.2d3d4d.de
Satz: Fanslau Communication/EDV, Düsseldorf
Druck und Bindung: GGP Media, Pößneck
ISBN 3-203-75013-9

Informationen über unser Programm erhalten Sie beim
Europa Verlag, Neuer Wall 10, 20354 Hamburg
oder unter www.europaverlag.de

Was mich betrifft,
kenne ich keinen Vorgang,
der stärker befreit –
der tiefer das Gefühl von Befreiung
und Freiheit schafft
als das Wegfallen oder Wegdenken
eines Vorurteils.

Peter Handke

Inhalt

3

1

1.1 *No Drugs – No Future?*

No drugs – no future. Ist das ernst gemeint? Soll das
heißen, eine Zukunft ohne Drogen sei nicht vorstellbar?
Es *ist* ernst gemeint und soll heißen, daß die Lebensum-
stände der Menschen in den Gesellschaften des reichen
Nordens den Gebrauch von psychoaktiven Substanzen
erforderlich machen, weil anders die Arbeit nicht zu
bewältigen und das Leben nicht zu ertragen wäre. Nun,
mitten im Umbruch vom industriellen zum nachindustriellen Zeitalter, eine Prognose über die zukünftige
Bedeutung von psychoaktiven Substanzen zu wagen,
mag reichlich kühn erscheinen, denn wie immer bei der-
artigen auf der Hochrechnung des gesellschaftlichen Ist-
Zustandes beruhenden Prognosen wird eine lineare Entwicklung ohne Brüche, ohne individuelle Verweigerung
und ohne kollektiven Widerstand unterstellt. Dennoch
ist der Versuch legitim, am Beispiel des sogenannten
Drogenproblems die Logik des neoliberalen Modernisierungsprozesses – zu dem es, wie dessen Propagandisten auffallend oft versichern, eine Alternative nicht
gibt – einmal konsequent zu Ende zu denken. Dabei
folge ich den Spuren, die die schleichende Pharmakologisierung des Alltags hinterläßt, und frage, was diese Entwicklung aus den Menschen macht und machen
wird, wenn erst einmal die Errungenschaften der Biotechnologie voll zur Wirkung kommen.

Projektionen in die Zukunft sind leichter nachvollziehbar, wenn sie sich auf eine nüchterne Bestandsaufnahme des Ist-Zustandes stützen können. Die drogenpolitische Gegenwart steht noch immer ganz im Bann des Prohibitionsdogmas. Die in den Vereinten Nationen zusammengeschlossene Weltgemeinschaft hat Drogen den Krieg erklärt, einen Krieg, der das internationale Rechtssystem schwer beschädigt hat und dessen politische und ökonomische Nebenwirkungen desaströs sind. Am Beispiel von Cannabis, *Heroin* und *Kokain* beschreibe und analysiere ich die Widersprüche dieser Politik und die Absurdität eines Krieges, der längst verloren ist.

Die von den USA diktierte internationale Drogenpolitik steht für eine der gravierendsten Fehlentwicklungen des Globalisierungsprozesses. Diese Fehlentwicklung wäre korrigierbar, eine Lösung des Drogenproblems ist denkbar, wenn man sich von der Illusion einer drogenfreien Gesellschaft verabschiedet und akzeptiert, daß Drogen Bestandteil der Wirklichkeit sind. Wege zu finden, mit dieser Realität rational umzugehen, ist eine gesellschaftliche Aufgabe und keine polizeiliche oder militärische. Der Schlüssel zur Lösung des sogenannten Drogenproblems ist die Aufhebung der Prohibition und die Legalisierung von Drogen. Das ist ein Gebot der praktischen Vernunft, auch wenn man davon überzeugt ist, daß Drogen ein nicht zu vernachlässigendes Gefahrenpotential darstellen und niemand bei klarem Verstand eine Gesellschaft mit einem Überfluß an Suchtmitteln für wünschenswert halten kann. Ich untersuche, wer sich aus welchen Gründen diesem Gebot der praktischen Vernunft widersetzt.

1.2 *Der Mensch als Produkt eines Anpassungsprozesses an die Beschleunigungskräfte der Informationstechnologien ist auf psychoaktive Substanzen zur Herstellung eines inneren Gleichgewichts angewiesen.*

In der globalisierten und deregulierten Welt von morgen werden psychoaktive Substanzen, die sowohl das Verhalten des Menschen beeinflussen wie das Bewußtsein verändern, nicht nur als Genußmittel – just for fun –, sondern auch als Instrumente der sozialen Steuerung unverzichtbar sein. Das ist historisch nichts Neues, denn in der Geschichte des fordistischen Industriezeitalters hatten Rauschmittel – Alkohol, Tabak und Opium, später dann Psychopharmaka – immer einen doppelten Gebrauchswert. Als Rausch- und Genußmittel halfen sie den Massen, den Alltag zu ertragen, als körperlich und psychisch aktivierende Leistungsdrogen sicherten sie die gesellschaftlichen Bedingungen von Ausbeutung und Selbstausbeutung. Somit hatten Drogen immer auch einen politischen Gebrauchswert.

Die postindustrielle Epoche hat kein Gründungsdatum. Erst in den 1970er Jahren, als im öffentlichen Diskurs die Moderne zur Postmoderne mutierte, begann das Bewußtsein von einer Zeitenwende zu reifen. Doch schon in den 50er Jahren des vergangenen Jahrhunderts befaßte sich die sozialwissenschaftliche Diskussion mit der neuen Zeit und dem, was sie aus den Menschen machen würde. In seinem in der Bedeutung des Wortes epochalen Werk *Die Antiquiertheit des Menschen* stellte der Philosoph Günther Anders die bis heute unmoderne Frage nach der »Seele im Zeitalter der zweiten industriellen Revolution«. Könnte es nicht sein, fragt Anders, daß die Produkte dieser Revolution »etwas Übertriebenes von uns verlangen, etwas Unmögliches; und uns durch ihre Zumutung wirklich in einen kollektiven pathologischen Zustand hineintreiben«?[1]

Ein unersättlicher Forscherdrang, freigesetzt von einem entfesselten Kapitalismus und dem ihm innewohnenden Zwang, ständig Neues hervorzubringen, hat die Menschen »als zeitliche Wesen derart in Unordnung gebracht, daß wir nun als Nachzügler dessen, was wir selbst projektiert und produziert hatten, mit dem schlechten Gewissen der Antiquiertheit unseren Weg langsam fortsetzen oder gar wie verstörte Saurier zwischen unseren Geräten einfach herumlungern«. Im Verlauf dieses Modernisierungsprozesses sei das Verhältnis des Menschen zu seiner Produktwelt total aus den Fugen geraten und »a-synchron« geworden. Wir sind, so Anders, »drauf und dran, eine Welt zu etablieren, mit der Schritt zu halten wir unfähig sind, und die zu ›fassen‹, die Fassungskraft, die Kapazität sowohl unserer Phantasie wie unserer Emotionen wie unserer Verantwortung absolut überfordert«.

Dieser kollektive Zustand einer permanenten Überforderung und chronischen Überreizung, für den die körpereigene Chemie nicht mehr ausreicht, um den Organismus des Menschen physisch wie psychisch an die Geschwindigkeit der Maschinen und Prozessoren anzupassen, hat das Verlangen nach Hilfsmitteln zur pharmakologischen Wiederherstellung einer ausgeglichenen »harmonischen Persönlichkeit« sukzessive wachsen lassen. Nicht zufällig überschwemmte die Pharmaindustrie in den 1960er Jahren, in denen sich die Vorboten der neuen Zeit bereits deutlich bemerkbar

Günter Amendt

machten, den Markt mit einer Serie von Produkten, die sämtlich auf die Stimulation des Zentralnervensystems zielen. Die Innovation von Tranquilizern und Sedativa, von Hypnotika und Antidepressiva wurde begleitet von Werbekampagnen in einem bis dahin nicht gekannten Ausmaß. Erster und wichtigster Adressat war die Ärzteschaft, denn die meisten der neuen Substanzen unterlagen der Verschreibungspflicht und waren legal nur über Apotheken zu beziehen. Wenn es gelingen würde, die Bereitschaft der Ärzte zu wecken, psychische Probleme und schwankende Stimmungen mit Hilfe psychoaktiver Substanzen zu lösen und sich mit der Bekämpfung von Symptomen zu begnügen, wäre der Markterfolg der neuen Drogen garantiert. Die Werbestrategie der Pharmakonzerne verfehlte ihr Ziel nicht. *Valium* steht pars pro toto für einen der größten Marketingerfolge in der Geschichte der Pharmaindustrie.

Im Rückblick zeigt sich, daß die oft bekämpften und vielgescholtenen Subkulturen von Jugendlichen bei der Herausbildung neuer Verhaltens- und Konsummuster die Rolle einer Avantgarde übernommen haben. Das ist die historische Funktion von Jugendkulturen. Die weltweite Protestbewegung und die eng mit ihr verwobene Drogensubkultur der 60er und 70er Jahre des vergangenen Jahrhunderts versetzten, wenn auch nur vorübergehend, der Pharma-Euphorie einen Dämpfer. Denn der Protest gegen die Elterngeneration war auch eine Kritik an deren von Drogen verursachten Deformationen. Dabei ging es an erster Stelle um Alkohol, aber auch um »mother's little helpers« aus der Pharmaküche zur Beruhigung der Nerven und zum Abbau von Streß. Doch, ganz Kinder ihrer Eltern, propagierten die Jugendlichen der Protestgeneration nicht etwa den Verzicht auf psychoaktive Stimulanzien, sie verlangten vielmehr nach einer Alternative zu den von der Elterngeneration bevorzugten Drogen. Das war die Stunde von Haschisch und Marihuana. Es war aber auch die Stunde von *LSD* und wurde schon bald zur Stunde von *Heroin* und von *Kokain*. Synthetische Drogen, ob aus legalen oder illegalen Labors, waren immer dabei. Der demonstrative und provokative Konsum von illegalisierten Drogen wurde zu einem untrennbaren Bestandteil der Protestkultur jener Jahre. Ein neues Selbstverständnis im Umgang mit psychoaktiven Stoffen begann sich zu artikulieren und den kontrollierten Konsum von Drogen zu popularisieren.

Als dann *Heroin* und *Kokain* die Jugendszene eroberten und viele Konsumenten die Kontrolle über ihren Drogenkonsum verloren, war die Pharmaindustrie mit einem Angebot zur Problemlösung umgehend zur Stelle. Ihr Angebot damals: *Methadon,* eine Droge mit ihrerseits hohem Suchtpotential und erheblichen Nebenwirkungen – aber eben eine legale Droge aus einem legalen Labor. Auch jetzt, wo die Heilkraft von Cannabis wiederentdeckt und in vielen Staaten der Welt die Abgabe der Droge aus medizinischen Gründen zugelassen wird, hat sich die Pharmaindustrie sofort eingeklinkt. Ihr Angebot heute: *Marinol,* eine synthetische Variante des grünen Krauts.

Der Technokultur der 1980er Jahre verdanken die Produzenten von synthetischen Drogen einen weiteren, heftigen Innovationsschub. Plötzlich waren wieder Pillen im Jugendfreizeitbereich angesagt und nachgefragt. Das als Relikt der 70er Jahre bei vielen Jugendlichen noch vorhandene chemiekritische Bewußtsein wurde weggeschwemmt von einer Welle neuer Drogen auf der Basis von *Amphetamin*. Angetrieben von den schnellen Beats ihrer computergenerierten Tanzmusik, besorgte die Technokultur wortlos und spielerisch die Anpassung einer neuen Generation von Jugendlichen an die Ge-

Günter Amendt

schwindigkeit des digitalen Zeitalters. Pillen als Antriebsmittel und Lifestyle-Accessoires gehörten von Anfang an dazu. Die Hemmschwelle der Raver-Generation zu überwinden war nicht schwierig, verfügt doch die Mehrheit aller jugendlichen Konsumenten von *Ecstasy* und anderen sogenannten Partydrogen über eine oft weit in die Kindheit zurückreichende Vorgeschichte mit legalen Pharmadrogen. Je größer die Vorerfahrung mit legalen Schmerzmitteln, Schlafmitteln, Aufputschmitteln, aber auch Vitaminen und anderen pillenförmigen Aufbaustoffen, desto größer die Bereitschaft, illegale Pillen zu probieren, wie eine Repräsentativbefragung von Jugendlichen in Luxemburg belegt.

Und wieder, wie schon in den 1960er Jahren, steigt die Pharmaindustrie auf den neuen Trend ein. Nach eigenem Bekunden erhoffen sich die Produktmanager der großen Pharmakonzerne eine profitable Zukunft vom Aufbau eines »Lifestyle-Segments«, das die ganze Produktpalette, vom Vitaminpräparat über *Viagra* bis zur »happy pill« und der »Pille danach«, umfassen soll. Dem Internethandel mit Medikamenten und Lifestyle-Drogen wird eine große Zukunft vorausgesagt. Schon heute werden dort erhebliche Mengen verschreibungspflichtiger Medikamente umgesetzt. *Viagra*, gerne auch mit dem Antidepressivum *Prozac* kombiniert, ist einer der Marktführer im Internethandel. (Obwohl seit langem angekündigt, ist es der Pharmaindustrie bisher nicht gelungen, die zweite Generation von Potenzpillen, die nicht nur eine Erektion garantieren, sondern auch ein Begehren stimulieren, auf den Markt zu bringen. In den Labors wird an einem Präparat gearbeitet, das die *Viagra*-Wirkstoffe mit Opiumderivaten kombinieren soll.) Um ihre Marktchancen zu vergrößern, arbeitet die Pharmaindustrie mit lobbyistischem Nachdruck auch an einer Lockerung der Verschreibungspflicht sowie am Recht, ihre Werbeaktivitäten ausdehnen zu dürfen.

Alle Subjekte werden von der Veränderungsdynamik des anbrechenden postindustriellen Zeitalters erfaßt, niemand kann sich der Entwicklung entziehen: »Ob wir nämlich mitspielen oder nicht – wir spielen mit, weil uns mitgespielt *wird*«, schrieb Günther Anders in weiser Voraussicht. Die Ahnung von einer Zeitenwende wurde zur allgemeinen Gewißheit, als mit dem Zusammenbruch der staatssozialistischen Gesellschaften Osteuropas der Eiserne Vorhang zwischen den Systemen hochging und, wie der Dramatiker Heiner Müller sagte, nicht nur eine System-, sondern auch eine Zeitgrenze fiel. Von nun an gilt nur noch eine Geschwindigkeit bis in den hintersten Winkel des Planeten. Der Turbo-Kapitalismus, wie der US-amerikanische Ökonom Edward Luttwark die neue postindustrielle Epoche nennt, unterscheidet sich von der traditionellen kapitalistischen Marktwirtschaft durch das Tempo, mit dem er in den Industriegesellschaften des Nordens Wohlstand schafft und zugleich gewachsene gesellschaftliche Strukturen vernichtet. Auf eine Formel gebracht: »Turbo-Kapitalismus gleich Privatisierung plus Deregulierung plus Globalisierung.«[2] Egal mit welchen Begriffen man das neue Zeitalter auch zu beschreiben und einzugrenzen versucht, in einem, und zwar dem wesentlichen, Punkt unterscheidet sich das Neue *nicht* vom Alten: Ob postmodern, postfordistisch oder postindustriell, immer handelt es sich nur um eine Systemvariante von Kapitalismus und Imperialismus bei einer noch nie dagewesenen Mobilität des Kapitals.

Der neuzeitliche Mensch, der den mittelalterlichen verdrängte und abgelöst hat, steht selbst vor seiner Ablösung durch einen Persönlichkeitstypus, dessen Konturen noch undeutlich und verschwommen sind.

Der neue »neue Mensch« als Produkt eines Anpassungsprozesses an die Beschleunigungskräfte der Informationstechnologien ist nur mit Hilfe von psychoaktiven
Substanzen zur Herstellung eines inneren Gleichgewichts und synthetischen Aufbaustoffen zur Herausbildung eines leistungsfähigen Körpers formbar. In
diesem Prozeß dürften jene Drogen, um die sich heute
alles dreht, nur weil sie zu Beginn des 20. Jahrhunderts
illegalisiert wurden, eine eher untergeordnete Rolle
spielen. »So wie im 17. Jahrhundert die Kaffee- und
Tabakverbote Rückzugsgefechte mittelalterlicher Welt-
anschauungen waren, so lassen sich die heute noch
geltenden Verbote der Rauschdrogen interpretieren als
Rückzugsgefechte bürgerlicher Rationalität und Selbst-
disziplin«,[3] schreibt der Historiker Wolfgang Schivelbusch in seiner *Geschichte der Genußmittel.*

Der Alltag des Menschen im Industriezeitalter war
geprägt von religiösen und weltlichen Ritualen und von
der Disziplin der Fabrikarbeit. Dieser Alltag ist in Auflösung begriffen. Alles, was den Lebenslauf der Subjekte
strukturierte und die Sozialverhältnisse organisierte,
ist in Frage gestellt. Alle Übereinkünfte über den Ort
der Arbeit, die Dauer der Arbeitszeit, die vertragliche
Sicherung des Arbeitsplatzes, ja selbst das Verbot von
Kinder- und Sklavenarbeit stehen zur Disposition. »In
einer Welt mit global organisiertem Kapital- und Waren-
verkehr können die südlichen Länder ihre Marktstellung nur dadurch sichern, daß sie den einzigen Bereich,
in dem sie noch weitgehend wettbewerbsfähig sind,
bis zum Anschlag ausreizen: die geringen Kosten der
Arbeitskraft«, heißt es in dem von Bernd Schlemmer
herausgegebenen Werk *L'Enfant exploité.*[4] Kinderarbeit
habe ein »alarmierendes Ausmaß« angenommen, stellt
die Internationale Arbeitsorganisation (ILO) in einem
Mitte 2002 veröffentlichten Bericht fest. Weltweit wer-

den 246 Millionen Kinder zur Arbeit gezwungen. Fast 9 Millionen dieser Kinder werden als Soldaten oder Prostituierte in »sklavenähnlichen Arbeitsverhältnissen« gehalten.

Ob alt oder jung, ob Mann oder Frau, jeder steht mit jedem und alle mit allen in einer Konkurrenzbeziehung. Es ist eingetroffen, was Karl Marx und Friedrich Engels vorhersahen: »Das Bedürfnis nach einem stets ausgedehnteren Absatz für ihre Produkte jagt die Bourgeoisie über die ganze Erdkugel. Überall muß sie sich einnisten, überall anbauen, überall Verbindungen herstellen.« Auf dieser Jagd wird alles niedergetrampelt, was sich der Modernisierung in den Weg stellt: »Alles Stehende verdampft, alles Heilige wird entweiht, und die Menschen sind endlich gezwungen, ihre Lebensstellung, ihre gegenseitigen Beziehungen mit nüchternen Augen anzusehen.«[5] Weil aber Nüchternheit für immer mehr Menschen zu einem immer schwerer ertragbaren Zustand wird, greifen immer mehr Menschen zu immer mehr Hilfsmitteln, die ihnen erlauben, der Wirklichkeit zu entfliehen, sie zu verdrängen oder zu schönen. *Prozac*, das euphorisierende Antidepressivum, ist das Angebot der Pharmaindustrie für diesen kollektiven Gemütszustand.

Mit *Prozac* – in Deutschland unter dem Namen *Fluctin* in den Apotheken erhältlich – wurde ein Präparat entwickelt, das sich als ideales Hilfsmittel für die, wie die »Neue Zürcher Zeitung« schreibt, »zur Volkskrankheit avancierte Depression«[6] anzubieten scheint. Depression wird als eine psychosomatische Hirnkrankheit verstanden, bei der Botenstoffe nicht adäquat transportiert werden. *Prozac* erhöht den Spiegel des Neurotransmitters Serotonin im Gehirn und verspricht einen Zustand des Wohlbefindens bis hin zur Euphorie. Heute nehmen, so Francis Fukuyama in seinem im Herbst 2002 auf deutsch veröffentlichten Buch *Das Ende des Menschen,*[7]

28 Millionen US-Bürger *Prozac* und ähnliche Mittel. Natürlich sind nicht 28 Millionen US-Bürger depressiv im klinischen Sinne. Es genügt schon, deprimiert zu sein, um den Griff zur Pille zu rechtfertigen. Oder einfach nur schlecht drauf zu sein. Vom medizinisch indizierten Heilmittel bis zur stimmungsaufhellenden Lifestyle-Droge – die Bandbreite der Anwendungsmöglichkeiten ist groß. Das erhöht die Marktchancen.

Was es sozial und politisch bedeutet, wenn weit über zehn Prozent der Erwachsenenbevölkerung eines Landes auf einer Psychodroge ist, die das Leben rosarot einfärbt, beschäftigt auch in den USA immer mehr Fachleute. Wir haben gerade erst begonnen, schreibt Fukuyama,* die sozialen Auswirkungen der »Revolution der Neurotransmitter« zu verstehen. Und, wäre hinzuzufügen, wir haben auch gerade erst begonnen, die pharmakologischen Nebenwirkungen von *Prozac* zu verstehen. Antidepressiva vom Typus dieses Medikaments haben nicht nur ein großes Mißbrauchspotential, *Prozac* ist auch für »Gewichtszunahme, nervöses Gesichtszucken, Vergeßlichkeit, sexuelle Störungen, Selbstmord, Gewalttätigkeit und Hirnschäden verantwortlich«. Es könne durchaus eine Zeit kommen, in der *Prozac* und artverwandte Stoffe ihren Nimbus eines Wundermittels verlieren werden, weil die bis dahin zutage getretenen Nebenwirkungen als nicht mehr tragbar gelten. Es ist den Vermark-

---

* Francis Fukuyama, der Anfang der 1990er Jahre mit dem Ende des Kalten Krieges auch das »Ende der Geschichte« gekommen sah und triumphalistisch den Anbruch des neuen Amerikanischen Zeitalters verkündete, wirft ein Jahrzehnt später einen eher skeptischen Blick auf den inneren Zustand des neuen Hegemons. Ihn beunruhigt, daß »Wissenschaft und Technik, auf die sich die moderne Welt gründet, ihrerseits höchst verwundbare Stellen unserer Zivilisation repräsentieren«. Angesichts der von der Biotechnologie ausgehenden Gefahren fordert Fukuyama, »die Anwendung von Wissenschaft und Technik politisch umfassender zu kontrollieren«.

tern jedoch glänzend gelungen, das Medikament als frei von Nebenwirkungen im öffentlichen Bewußtsein zu verankern, während sich die Warnungen vor schweren Hirnschäden beim Konsum von MDMA (*Ecstasy*) geradezu überschlagen, obwohl beide Drogen die Serotoninversorgung des Gehirns beeinflussen und in einem komplizierten, wissenschaftlich noch nicht wirklich verstandenen Funktionszusammenhang für gute Stimmung sorgen. Noch sind die Langzeitwirkungen von *Prozac* und *Ecstasy* nicht absehbar, doch so viel ist klar: Sollte MDMA massenhaft, wie suggeriert wird, zu Hirnschädigungen führen, dann trifft dieses Risiko auch und in gleichem Ausmaß auf *Prozac* zu.

Flexibilität und Mobilität, die beiden wichtigsten Vokabeln im Wörterbuch der Modernisierung, sind mehr als nur Kategorien der Kapitalbewegung. Flexibilität und Mobilität des Kapitals haben eine psychische Entsprechung. Flexibilität und Mobilität sind auch die wichtigsten, dem »neuen Menschen« im Zeitalter der Globalisierung abverlangten Persönlichkeitsmerkmale. Die Frage aber ist: Wie biegsam ist der Mensch? Wie beweglich ist er? Wo ist sein Speed-limit, wo seine Bruchstelle? Das sind Fragen, die sich auch die Produktdesigner der Pharmaindustrie stellen auf der Suche nach einer pharmakologischen Antwort. Denn die Entrhythmisierung des Arbeitsablaufs, die Zerschlagung gewachsener und verinnerlichter Zeitstrukturen, wie etwa die Abschaffung von Sonn- und Feiertagen, der ständige Wechsel von Arbeitszeit und Arbeitsort, die Auflösung sozialer Beziehungen und emotionaler Bindungen verursachen oft extreme Gefühls- und Stimmungsschwankungen, welche die Bereitschaft zur chemischen Selbstmanipulation geradezu herausfordern, will man nicht abgehängt werden und auf der »Loser«-Seite landen.

Der Gebrauch von abhängig machenden Substanzen wird zunehmen »im Sinne einer ›sozialen Indikation‹, das heißt, um mit den Anforderungen des Alltags besser zurechtzukommen«, prognostiziert der Schweizer Suchtmediziner Ambros Uchtenhagen.[8] Auch Günther Anders hat in seinem Werk, ohne sich dabei ausdrücklich auf Drogen zu beziehen, das Mittel des »human engineering« als Instrument der Selbstdressur beziehungsweise »der Gleichschaltung mit sich selbst« bereits thematisiert.

1.3 In der Dopingdiskussion wird die prototypische Gestalt eines »neuen Menschen« antizipiert und zugleich der Moralkanon neu verhandelt.

Am deutlichsten zeichnen sich die Konturen eines neuen Menschentypus in der aktuellen Dopingdiskussion ab, bei der es nur vordergründig um die Ausschaltung von Wettbewerbsverzerrungen geht. In der Dopingdiskussion wird die prototypische Gestalt des »neuen Menschen« im postindustriellen Zeitalter antizipiert und zugleich der gesellschaftliche Moralkanon neu verhandelt. Geführt wird die Diskussion unter der Prämisse, das Dopingproblem sei lösbar, auch wenn es immer mehr Stimmen gibt, die es für unlösbar und die Entwicklung für unumkehrbar halten: Doping sei ein Systemzwang, es sei nicht möglich, die widersprüchlichen Interessen des Staates und seiner Machteliten, der nationalen und internationalen Sportverbände, der Athleten, der Sponsoren, der Pharmaindustrie, der Medien, des organisierten Verbrechens und des Publikums im Sinne einer allseits akzeptierten Lösung auszugleichen.

Doping spielt sich, was die Athleten betrifft, in den Grenzbereichen von bewußt und unbewußt, absichtlich und unabsichtlich, freiwillig und unfreiwillig ab. Mittlerweile gilt als erwiesen, daß die Verabreichung von verbotenen Substanzen wie Anabolika ohne Wissen und Einverständnis der Athleten zu den Dopingpraktiken in staatssozialistischen Gesellschaften gehörte. Auch in

Günter Amendt

den marktwirtschaftlich organisierten Gesellschaften des Westens war und ist diese Praxis gang und gäbe. Geduldet und oft auch gefördert von den jeweiligen Sportverbänden, verabreichen Vereinsärzte und manchmal auch der Massagestab eines Teams Dopingsubstanzen an Athleten, die davon nichts wissen oder nichts wissen wollen. Ungeachtet aller dummen Ausreden und dreisten Lügen, die der Öffentlichkeit von überführten Sportlern aufgetischt werden, ist deshalb der Beteuerung einer prominenten DDR-Olympiasiegerin im Schwimmen bis zum Beweis des Gegenteils Glauben zu schenken, wenn sie versichert, keine illegalen Hilfsmittel benutzt zu haben, jedoch einräumt, solche Mittel möglicherweise »unwissentlich« genommen zu haben. Das ist glaubwürdig erst recht, wenn man berücksichtigt, daß die Athleten und Athletinnen oft schon im Kindesalter in das System der staatlichen Sportförderung geraten. Sogar die Superstars des Profisports sind dem Druck der medizinischen Abteilung ihrer Vereine oft nicht gewachsen. So kommentierte ein Mitglied des französischen Fußball-Weltmeisterteams seinen Vereinswechsel von Turin nach Madrid mit einem Seufzer der Erleichterung. Er freue sich, daß man bei seinem neuen Arbeitgeber außer Vitaminen nichts mehr einnehmen müsse.[9]

Die Athleten sind gezwungen, sich ganz auf die vom Verein gestellten Ärzte zu verlassen, auch darauf, daß die Mittel, die ihnen verabreicht werden, im Test nicht nachweisbar sind. Und sie müssen davon ausgehen können, daß die medizinische Abteilung Risiken und Nebenwirkungen der eingesetzten Mittel abgewogen hat und für tragbar hält. Er habe nur bei den wenigsten ein Bewußtsein für die Gefahren, denen sie sich aussetzen, entdecken können, berichtet der Turiner Staatsanwalt Raffaele Guariniello, der Dutzende von Fußballprofis wegen des Verdachts auf Doping vernommen hat. Sie wissen also auch nicht, daß sie, wie die Auswertung einer Statistik über Berufskrankheiten ergibt, ein fünfunddreißigmal höheres Risiko tragen, an Leukämie oder an Leberkrebs zu erkranken, als andere Menschen. Der systematische Gebrauch von Dopingmitteln verkürzt, davon gehen Fachleute aus, die Lebenserwartung eines Athleten oder einer Athletin.

Neben dem Typus des unwissenden Athleten, der sich unter dem Druck von Sponsoren, des Verbands oder seines Teams ohne weitere Nachfrage Aufbaustoffe verabreichen läßt, und dem Typus des Athleten, der bewußt und absichtlich, wenn auch mit schlechtem Gewissen und einem Unrechtsbewußtsein, nach einem Dopingmittel verlangt, gibt es eine wachsende Zahl von Athleten, die, in vollem Wissen um die damit verbundenen Risiken, Doping ohne Unrechtsbewußtsein akzeptieren und keine Instanz anerkennen wollen, die berechtigt wäre, diese Praxis zu verbieten. Sie nehmen, wie eine Befragung amerikanischer Footballspieler ergab, die Risiken des Medikamentengebrauchs in Kauf, wenn ihnen die Einspielergebnisse ihrer aktiven Zeit als Profisportler jenen gehobenen Lebensstil garantieren, den sie anstreben, und sei es um den Preis eines verkürzten Lebens. Schnell leben und jung sterben, das alte Rock'n'Roll-Klischee, lebt fort in den Köpfen vieler junger Hochleistungssportler. Entsprechend groß ist ihre Risikobereitschaft auch bei der Wahl der Mittel, die zu schlucken oder zu spritzen sie bereit sind. Bei einer Razzia während des »Giro d'Italia« 2001 fanden die Carabinieri ein Medikament, dessen Marktauftritt erst für das Jahr 2007 vorgesehen ist. Die Dopingpraktiken bei der »Tour de France« und anderswo sind immer auch Pharmaexperimente am Menschen. Es seien Produkte am Dopingmarkt, die sich noch mitten in der klinischen

Erprobungsphase befänden, bestätigt auch Wilhelm Schänzer, Leiter des Instituts für Biochemie der Deutschen Sporthochschule in Köln.[10]

Als selbständiger Unternehmer beansprucht der Athlet im Sinne eines freien Wettbewerbs die volle Verfügungsgewalt über sein Kapital – sprich: seinen Körper. Der bis in die letzte Faser von der Kapitalverwertung durchdrungene Körper des Sportlers agiert am Markt des Profisports als sein eigenes Profit-Center. »Denn Leistungssport ist Arbeit, die als Spiel sich zu tarnen versucht. Leistungsprinzip, Leistungsgesellschaft, Leistungssport und Leistungsdrogen – das eine ergibt sich aus dem andern. Die sogenannte Welt des Sports ist lediglich eine Miniaturnachbildung hochindustrialisierter Gesellschaften, deren Alltagsrhythmus vom Zeitdiktat der Maschinen bestimmt wird.«[11] Jede reglementierende Einmischung über die sportlichen Spielregeln hinaus, jeder regulierende Eingriff von außen, aber auch jede gesellschaftliche Erwartung an den Sport – etwa die Rolle eines Sinngebers oder Vorbilds für Heranwachsende zu übernehmen – ist mit dem professionellen Anspruch des Leistungssports unvereinbar. Es muß im Ermessen des Athleten bleiben, mit welchen Mitteln er seine Leistung erbringt und seinen Arbeitsvertrag erfüllt, solange der Mitteleinsatz nicht unmittelbar Dritte schädigt. Was also soll gegen den auch andernorts üblichen Einsatz pharmakologischer Hilfsmittel zur Steigerung der Leistungsfähigkeit sprechen, wenn gleich alle und alle gleich gedopt sind?

Der im Zusammenhang mit dem Dopingskandal der »Tour de France« von einem Ex-Profi eingebrachte Vorschlag, *Epo*, die damals aktuelle Skandaldroge des Radrennsports, unter ärztlicher Aufsicht an alle, die danach verlangen, abzugeben, folgt genau dieser Argumentationslinie. Auf ihr bewegt sich auch ein international sehr erfolgreicher Leichtathletiktrainer, der sich in einem Interview vor den Olympischen Spielen 2000 für die Freigabe von Dopingmitteln bei geregelter Dosierung aussprach und hinzufügte: »Du kannst kein Seidentäschchen aus einem Kuhohr machen. Ohne Talent wird nichts helfen, auch keine Droge.«[12]

Mit dem Hinweis auf den auch andernorts üblichen Einsatz pharmakologischer Hilfsmittel reiht sich der Profisport ein ins Heer jener Dienstleister, die ihr Arbeitsergebnis mit Hilfe von Drogen – legalen wie illegalen – und mit Hilfe von Nahrungsergänzungsmitteln oft um ein Vielfaches steigern, ohne deswegen zur Rechenschaft gezogen zu werden. Das Fernfahrergewerbe mit seinem enormen Leistungsstreß ist ohne Aufputschmittel gar nicht denkbar. Die Wall Street hatte ihren *Kokain*skandal. »Speed« war die Antriebskraft der »new economy«. Selbst der Staat setzt innerhalb seines Hoheitsbereichs Drogen ein, um ein bestimmtes Arbeitsergebnis zu erzielen. Psychodrogen werden bei Verhören und Folter eingesetzt. Die Naziarmeen waren ausgerüstet mit coffeinhaltiger Schokolade; *Pervitin*, ein hochpotentes Aufputschmittel, das zur Zeit als »Yaba« beziehungsweise »Ice« eine Renaissance am Schwarzmarkt erlebt, wurde vor allem in den letzten beiden Kriegsjahren massenhaft an die deutschen Truppen verteilt. Zur Zeit des Apartheidregimes orderte die südafrikanische Regierung tonnenweise das Barbiturat *Mandrax* als Mittel zur Aufstandsbekämpfung.

Zwei Drittel aller Piloten im Golfkrieg von 1991 sollen ihre Einsätze unter *Amphetamin* geflogen haben. Und jüngst erst hat eine Sprecherin der US Air Force bestätigt, daß Piloten im Afghanistan-Einsatz das Aufputschmittel *Dexedrin* in Zehn-Milligramm-Dosen verordnet wurde. Innerhalb der US Army wird diese Praxis jedoch kritisiert, weil Wachhaltepillen zu aggressivem Verhalten, Kontroll- und Realitätsverlust führen können und überdrehte Soldaten auch schon mal die eigenen Leute unter »friendly fire« genommen haben. »Heute«, so ein Experte der Universität Konstanz, »gehören stimulierende Mittel zur Notfallversorgung jeder großen Armee.«[13]

Warum, fragen die Dopingbefürworter unter den Athleten und Trainern, soll im Sport verboten sein, was anderswo als Alltagsdoping geduldet oder gar gefördert wird?

Aber auch Gebote und Verbote, die in die Sphäre seiner »freien Zeit« eingreifen, wird der dem postindustriellen Individualitätsmuster folgende Athlet nicht länger akzeptieren, schon weil die strikte Trennung von Arbeit und Freizeit unvereinbar ist mit dem Gebot, stets flexibel und mobil zu sein. Goethes Zauberformel zur Strukturierung des Alltags im beginnenden Industriezeitalter – »Tages Arbeit, abends Gäste / Saure Wochen, frohe Feste« – ist auf die Bedingungen der deregulierten und fluiden Arbeitsorganisation nicht mehr anwendbar. Das macht die Unterscheidung zwischen Arbeitsdrogen zur Steigerung der Produktivität und Freizeitdrogen zur Herstellung eines psychischen Wohlbefindens hinfällig. Somit wird auch der Katalog verbotener Dopingsubstanzen irrelevant. Warum sollten Sportler mit einem Berufsverbot belegt werden, wenn sie, wie ein des Dopings überführter britischer Sportler sich rechtfertigte, »aus einem gesellschaftlichen Anlaß« außerhalb des Sportbetriebs Haschisch und Marihuana rauchen oder *Kokain* sniefen? Sie tun nur, was andere, ohne berufliche Sanktionen befürchten zu müssen, auch tun. Die Marihuana-, *Kokain-* oder *Ecstasy*-Spuren in ihrem Blut oder in ihrem Urin sind nicht Überreste eines Arbeitsbeziehungsweise Wettkampfeinsatzes, sondern die Spuren einer Partynacht. Und so kommt es immer häufiger

zu Dopingfällen im Grenzbereich von Arbeit und Freizeit. Als ein deutsches Radsportidol nach einem Disco-
Besuch positiv auf *Ecstasy* getestet und sofort gesperrt
wurde, stellten sich Verbandsvertreter auf seine Seite:
»Das war mit Sicherheit kein Doping.«[14]

Die Zahl der Sportler, die wegen der in ihrem Körper
nachgewiesenen THC-Spuren mit einem zeitweiligen
Berufsverbot belegt sind, steigt stetig an. Dabei kollidiert die Gerichtsbarkeit des Sports mit dem allgemeinen Strafrecht, das in vielen Ländern von einer Bestrafung des Cannabiskonsums absieht, während die
Weltdopingagentur (WADA) die Droge auf die Liste der
verbotenen Substanzen setzte. Der ehemalige Präsident
des IOC, Juan Antonio Samaranch, in dessen Amtszeit
sich Doping zu einem Systemzwang auch in den olympischen Sportarten entwickelt hat, rechtfertigt die Son-
dergerichtsbarkeit des Sports mit dessen Auftrag, Werte
zu vermitteln und Vorbild zu sein: »Der Gebrauch von
Marihuana durch Olympia-Teilnehmer verstößt gegen
die fundamentalen ethischen Prinzipien und Werte.«[15]
Ähnlich sieht es auch der Mannschaftsarzt des deutschen Fußball-Nationalteams, auch wenn er einräumen
muß, daß es wegen der langen Nachweiszeit Probleme
bei der Testauswertung gebe: »Deshalb müssen Profi-
Fußballer alles meiden, was mit Haschisch zu tun haben
könnte. Anders geht es nicht, denn sie haben eine Vor-
bildfunktion.«[16] Sagt der Sportfunktionär.

Solange das antiquierte Bewußtsein der an Sport
interessierten Öffentlichkeit und deren moralisches
Empfinden hinter den technologischen Entwicklungen
und den pharmazeutischen Innovationen zurückbleibt,
werden die selbstbewußten Ansprüche des moralisch
längst deregulierten Profisports mit den noch immer
virulenten Idealen eines moralisch sauberen Amateur-
sports kollidieren. Anstatt die Athleten zu fördern und

zu begünstigen, die dem allseits geforderten Typus einer flexiblen, mobilen und risikobereiten Persönlichkeit so ideal entsprechen, stellt sich der Staat mit Auflagen und Verboten in den Weg. Denn die Interessen des Staates und seiner Machteliten am Sport decken sich nicht mit den Interessen des Profisports und seiner Akteure.

Das Selbstdarstellungs- und Repräsentationsbedürfnis des Staates weist dem Sport als Standortfaktor noch immer einen hohen Stellenwert zu. Daran hat sich seit dem Ende der Systemauseinandersetzung nichts geändert. Das Bemühen, Sport im Zeitalter der Globalisierung als nationale Klammer zu benutzen, ist eher gewachsen, steht allerdings in Konkurrenz zu den Anstrengungen global operierender Konzerne, an die Stelle von nationalen Symbolen die Logos von Firmen zu setzen. In fast allen Staaten, unabhängig von deren politischem System und ökonomischem Entwicklungsstand, werden Medaillen und Titel bei großen Sportereignissen als Leistungsnachweis und Ausdruck von Stärke weit über den Sport hinaus betrachtet. Nur so läßt sich die in vielen Staaten übliche Förderung von Hochleistungssportarten überhaupt legitimieren. Doch ein Sport, der die Nation emotional verklammern soll, muß sauber sein und familientauglich. Mit Slogans wie »Kinder stark machen gegen Drogen« oder »Sport tut Deutschland gut« wendet sich der Deutsche Sportbund gemeinsam mit der Bundesregierung an die Öffentlichkeit, um die Werte des Sports »als der größten gesellschaftlichen Klammer in diesem reichen Land, als Motor der Volksgesundheit, Plattform des sozialen Ausgleichs, Mittel zu kindgerechter Erziehung«[17] zu propagieren. In dieser Welt hat Doping von Staats wegen nichts verloren, sind doch die Hälfte aller Athleten, die von deutschen Sportverbänden zu Olympischen Spielen und anderen internationalen Großereignissen delegiert werden, Staatsange-

stellte. Sie sind Zeitsoldaten und Beamte des Bundes-
grenzschutzes.

Doping bringt darüber hinaus den Sport »als Motor
der Volksgesundheit« ins Stottern. Die Gefahr ist groß,
daß das Dopingbeispiel der Profisportler im Breitensport seine Nachahmer findet. Es ist mehr als nur eine
Gefahr, wie eine vor kurzem veröffentlichte EU-Studie
belegt. Von den 16 Millionen Belgiern, Portugiesen, Ita-
lienern und Deutschen aus allen gesellschaftlichen
Schichten und Altersgruppen, die eines von 23 000 kom-
merziellen Fitneß-Studios frequentieren, nehmen sechs
Prozent regelmäßig leistungssteigernde Medikamente,
obwohl sie »gleichzeitig über starke Nebenwirkungen
wie Akne, Nasenbluten, Herzflimmern und negative
Auswirkungen auf die Sexualität klagten«.[18] Allein für die
deutsche Kundschaft hat die Studie fünfzehn Websites
mit über 250 Angeboten verschiedener Anabolika, Aufputschmittel, Wachstumshormone, aber auch sogenannter Nahrungsergänzungsmittel gefunden. Noch
ausgeprägter sind die Ergebnisse einer in Lübeck veröffentlichten Studie, wo von den in 58 Studios unter-
suchten 454 Sportlern zweiundzwanzig Prozent der
Männer und sieben Prozent der Frauen angaben, Anabolika zu nehmen oder genommen zu haben.[19] Der
Autor der Studie fordert deshalb, die Steroidproduktion
in der EU offenzulegen. Nach seinen Recherchen werden pro Jahr 400 bis 500 Kilogramm für medizinische
Zwecke benötigt, die Pharmaindustrie werfe jedoch
jährlich mehrere Tonnen auf den Markt.

Hier nun kommt ein weiterer Interessenfaktor in
diesem Wust widersprüchlicher Interessen ins Spiel – die
Pharmaindustrie. Für ihre Absatzinteressen ist nicht der
Profi-, sondern der Breitensport »the real thing«, denn
die Kundschaft dort hat Amateurstatus und ist nicht
in ein Regelwerk eingebunden, das Doping verbietet.

Dopingkontrollen in Fitneß-Studios sind rechtlich nicht durchführbar, denn illegal ist nur der Handel mit und nicht der Konsum von Dopingmitteln. Wie aber ist es möglich, daß verschreibungspflichtige Medikamente aus den legalen Labors der Pharmaindustrie auf den Markt für Profi- und Amateurdoper gelangen? Das müssen sich auch die Produzenten von *Epo*, dem Elixier für Ausdauersportler, fragen lassen. Weltweit bringt es der Handel mit *Epo* auf Umsätze von mehreren hundert Millionen US-Dollar. Raffaele Guariniello, der mit der Untersuchung des »Giro d'Italia«-Skandals betraute Turiner Staatsanwalt, schätzt, daß nur zwanzig Prozent davon »für die medizinische Behandlung tatsächlicher Patienten verwendet wird. Der Rest wird von Sportlern und Sportlerinnen zu Dopingzwecken mißbraucht«.[20]

Auch wenn die Mehrzahl aller Amateursportler den Gebrauch harter Dopingsubstanzen ablehnt, so ist doch die Bereitschaft groß, sich Kraft und Ausdauer aus Energy-Drinks und Nahrungsergänzungsmitteln zu holen. Auf diesem globalen Markt mit großem Wachstumspotential gibt es keine Kontrollen. Hätten sich nicht auch Profisportler mit Nahrungsergänzungsmitteln eingedeckt, die Öffentlichkeit hätte wohl nie erfahren, daß einige dieser Mittel, die im Supermarkt, in Drogerien, Apotheken und über Internet verkauft werden, männliche Hormone enthalten. Gleich mehrere Athleten in verschiedenen Sportarten wurden in der A- wie in der B-Probe positiv auf das Hormon *Nandrolon* getestet. Alle bestritten vehement, die Substanz wissentlich eingenommen zu haben. Und alle äußerten den Verdacht, die von ihnen verwendeten legalen Nahrungsergänzungsmittel seien kontaminiert, trotz anderslautender Etikettierungen. Mit dieser Ausrede machten sie jedoch keinen Eindruck auf die Gerichtsbarkeit ihrer Verbände.

Die verhängte Sperren, in einigen Fällen von mehreren Jahren.

Obwohl das Thema längst die Sportmedien beherrschte, wurden fast täglich neue Fälle von *Nandrolon*-Spuren bei Leistungssportlern bekannt. Die überführten Athleten verwiesen nach dem bekannten Muster auf kontaminierte Nahrungsergänzungsmittel und beteuerten im übrigen ihre Unschuld. Da begannen die Experten sich zu fragen, ob es möglich wäre, daß die Ausreden der Athleten gar keine seien. Der Anwalt eines wegen *Nandrolon*-Gebrauchs gesperrten Berliner Fußballspielers ließ eine Originalpackung des von seinem Mandanten konsumierten Mittels in einem staatlich anerkannten Dopinglabor prüfen. Das Ergebnis war eindeutig: Die Testresultate wichen von denen des Fußballspielers nur unwesentlich ab. Das *Nandrolon*-Rätsel war gelöst. Laboruntersuchungen weiterer marktgängiger Produkte bestätigten, daß »die hierzulande in Apotheken oder via Internet erhältlichen Sportlerpräparate wie *Kreatin* (das nicht auf der Liste verbotener Substanzen steht) in höchstem Maß anabol kontaminiert sind«.[21]

»Kontaminiert«, das ist die Sprachregelung. Die Öffentlichkeit soll sich das so vorstellen: Bei der Herstellung des beanstandeten Produkts wurden verunreinigte Laborbehältnisse benutzt, in denen vorher zufällig Wachstums– oder Sexualhormone produziert oder gelagert worden waren. Merkwürdig ist nur, daß auch alle anderen Hersteller, deren Produkte beanstandet wurden, als Ursache der Verschmutzung mangelhaft gereinigte Laborbehälter nennen, in denen zufällig zuvor anabole Substanzen gelagert oder produziert wurden.

Es ist doch so: Ein Athlet entscheidet sich für ein bestimmtes Produkt, weil es ihm von einem anderen Athleten empfohlen wurde, und nicht oder nur selten, weil er von den Produktbeschreibungen auf dem Etikett oder dem Beipackzettel überzeugt worden wäre. Es ist die Mundpropaganda, die den Kaufentscheid beeinflußt. Und offenbar will niemand genau wissen, was diesen Ergänzungsmitteln, und sei es auch nur in Spuren, beigemischt wurde, wenn nur die erwartete und versprochene Wirkung erzielt wird. Viele der auf den Etiketten genannten Substanzen sind nach Auffassung von Nahrungsmittelchemikern völlig wirkungslos. Oft ist es, wie bei Energy-Drinks, nur ein einziger Stoff, der überhaupt eine spürbare Wirkung zeigt. Um zu verschleiern, daß das Produkt in Wirklichkeit ein Placebo ist, wird also etwas beigemischt, das über kurz oder lang eine Wirkung zeigt. Warum sollten die Produzenten von Nahrungsergänzungsmitteln anders verfahren als jeder clevere *Kokain*-Dealer, dem der Stoff ausgegangen ist? Er reichert das übliche Füllmittel mit gestampftem *Amphetamin* an und verkauft das Ganze als *Kokain*. Vielen seiner Kunden fällt der Unterschied gar nicht oder erst sehr spät auf, wenn der »hangover« kommt. Auf jeden Fall haben sie eine Wirkung verspürt. Der Verdacht, daß die beanstandeten Nahrungsergänzungsmittel gar nicht kontaminiert sind, sondern, um eine Wirkung zu erzeugen, in voller Absicht »verschmutzt« werden, ist nicht von der Hand zu weisen. Profisportler, die mit Dopingkontrollen rechnen müssen, sind gut beraten, sich bei ihrem Kaufentscheid beziehungsweise ihrem Kaufverzicht von diesem Verdacht leiten zu lassen.

Um endlich einen Durchbruch bei der Dopingbekämpfung zu erreichen, sei die Zusammenarbeit der Sportverbände und der Regierungen in aller Welt zu verstärken, forderte der amtierende IOC-Präsident Jacques Rogge anläßlich eines Anfang März 2003 in Kopenhagen zusammengetretenen Anti-Doping-Konvents. Er unterstellt dabei stillschweigend, im Bemühen um einen sauberen Sport seien die Interessen der Staaten und ihrer Regierungen und die der Sportverbände deckungsgleich. In der Tat eine Unterstellung schon deshalb, weil Verbände immer Partikularinteressen vertreten. Das ist ihre Aufgabe. Ihre Nähe beziehungsweise ihre Distanz zu staatlichen Institutionen ist bestimmt von klar definierten wechselseitigen Interessen. Olympische Sportarten, die auf staatliche Förderung angewiesen sind, entwickeln ein anderes Verhältnis zum Staat und dessen Organen als Profiverbände, die völlig unabhängig sind von staatlichen Subventionen. (Die verdeckten Subventionen, wie etwa die Bereitstellung einer Infrastruktur und der Ordnungskräfte bei Großveranstaltungen, sollen hier nicht weiter thematisiert werden.) Auch sind die Auffassungen darüber, was »sauberer Sport« ist oder sein sollte, im internationalen Vergleich sehr verschieden. Nicht wenige Sportverbände bis hin zu den Nationalen Olympischen Komitees einiger Länder sind tief verstrickt in Korruption und »organized crime«.

In vielen Ländern wird das Verhältnis von Staat und Sport darüber hinaus ideologisch definiert, wie etwa in der Bundesrepublik Deutschland, wo in den Jahren des Kalten Krieges die »Autonomie des Sports« so entschieden betont wurde, weil man sich von der zentralen staatlichen Sportförderung, wie sie die DDR erfolgreich betrieb, abgrenzen wollte. Im Kampf gegen Doping hat sich der Autonomieanspruch der Verbände jedoch als außerordentlich hinderlich erwiesen. Das sollte niemanden überraschen, denn erfolgen Transferleistungen des Staates an einen bestimmten Verband, dann sind diese an Leistungs- und Erfolgskriterien gebunden. Daß die deutsche Regierung, die von 1998 bis 2002 fast 800 Millionen Euro in die Sportförderung gesteckt hat, die Vergabe von Mitteln an die Beachtung der Dopingrichtlinien bindet, versteht sich von selbst – daß sie Medaillen und internationale Titel als Gegenleistung erwartet, ebenfalls. Doch Medaillen und Titel erwartet auch die englische Regierung, die das Ziel ihres neuen Sportkonzepts klar definiert hat: *To be the best of the world*. Das ist auch der Anspruch Rußlands, Chinas und der USA. Der Erfolgsdruck, unter dem alle Beteiligten stehen, ist enorm. Vom Erfolg des Athleten hängt nicht nur dessen persönliche Weiterförderung ab, auch der jeweilige Verband ist mit seinem Apparat, seinen Trainerstäben, seinen medizinischen Abteilungen, seinen Leistungszentren vom Erfolg der Athleten abhängig – materiell abhängig!

Genau da liegt der Anreiz, Doping zu fördern oder zu dulden. Zwar leidet der Ruf eines Sportverbandes, wenn seine Mitglieder in Dopingfälle verwickelt sind, doch er leidet noch mehr, wenn er mit Erfolglosigkeit in Verbindung gebracht wird. Bei den Nordischen Ski-Weltmeisterschaften in Lahti im Februar 2001 wurden sechs finnische Athleten positiv auf den Blutexpander HES getestet. »Was mich schockiert«, so ein Sportfunktionär, »ist die Tatsache, daß in Finnland sämtliche Ärzte und Trainer in das Verbrechen verwickelt sind. Deshalb ist es einer der schwersten Fälle in der Geschichte.«[22]

Als hinderlich im Kampf gegen Doping hat sich auch die autonome Gerichtsbarkeit der Sportverbände erwiesen, die allzuoft in Widerspruch zum allgemeinen Strafrecht gerät. Für Rechtsexperten ist es völlig inakzeptabel, allein dem Athleten in einem Dopingverfahren die Beweislast für seine Unschuld zuzuschieben. Tatsächlich sind die *Nandrolon*-Spuren in Nahrungsergänzungsmitteln Beweis dafür, daß positive Proben allein nicht ausreichen, um einen Athleten zu überführen und zu bestrafen. »Das überragende Sportinteresse an der Dopingbekämpfung ändert nichts daran«, so der

Strafrechtsexperte Dieter Rössner, »daß dies nur innerhalb geordneter juristischer Bahnen und auf rechtlich
einwandfreiem Weg zu erfolgen hat. Dazu gehört auch
die Berücksichtigung grundlegender Athletenrechte«,[23]
die durch das in Dopingverfahren angewandte Prinzip
der Beweislast-Umkehr eindeutig verletzt würden.
Auch sei nicht zu akzeptieren, »wenn mächtige Sportverbände auf die existentielle Lebensgrundlage des
Sportlers einwirken. Etwa bei der Verhängung mehrjäh-
riger Sperren«. Denn eine Sperre im Profisport ist mehr
als nur eine sportpädagogische Maßnahme. Eine Sperre
im Profisport ist immer auch ein Akt von Berufsverbot.
Dabei verhängen Sportgerichte oft Sanktionen, die
»nicht einmal das staatliche Strafrecht wegen der damit
verbundenen Existenzbedrohung« zulassen würde.

Die vom Präsidenten des IOC geforderte enge Zusammenarbeit von Staat und Sport wird, sollte sie zustande kommen, die Autonomie der Verbände drastisch
beschneiden. Es ist davon auszugehen, daß immer mehr
Staaten per Gesetz in den Anti-Doping-Kampf eingreifen werden. Das deutsche Parlament konnte sich bis
heute zu einem Anti-Doping-Gesetz nicht durchringen.
Obwohl das Vertrauen in die »Selbstheilungskräfte des
Sports« längst verspielt ist, beharren die deutschen Sportverbände auf ihrem Autonomieanspruch. Selbstbewußt
weist der Präsident des Deutschen Sportbundes (DSB)
die Forderung nach einem »Anti-Doping-Gesetz mit
allen strafrechtlichen Konsequenzen« zurück. Der Sport
und seine Verbände seien keineswegs »überfordert« im
Kampf gegen Doping.

Viele Juristen sehen das ganz anders. Italien hat eine
Anti-Doping-Gesetzgebung, die Sportbetrug mit allen
polizeilichen und staatsanwaltschaftlichen Mitteln verfolgt. Der *Nandrolon*-Skandal in der »Seria A« und
beim »Giro« hat die Behörden aufgeschreckt. Auch

Frankreich hat nach dem *Epo*-Skandal der »Tour« seine Anstrengungen verstärkt und baut dabei vor allem auf präventive Aufklärung. Früher oder später dürfte aber auch Frankreich die Verfolgung von Sportbetrug strafrechtlich regeln. In den angelsächsischen und in den süd- und südosteuropäischen Ländern, wo der Sportbetrieb eng mit dem legalen wie dem illegalen Wettbetrieb verknüpft ist, wo selbst Pferde und Rennhunde gedopt werden, sind straf- und zivilrechtliche Rahmenbedingungen doppelt geboten, denn Sportbetrug ist hier immer auch Wettbetrug.

Ohne Zweifel wird mit den Beschlüssen des Kopenhagener Anti-Doping-Konvents vom März 2003 das weltumspannende Kontrollnetz enger geknüpft. Der von den Delegierten verabschiedete WADA-Code soll, so ist es vorgesehen, in eine Unesco-Konvention münden, die dann von den Regierungen bis 2006 in die nationalen Gesetzgebungen einzupassen ist. Scheitern könnte das Projekt an der Finanzierungsfrage und an der Weigerung der USA, die Konvention zu unterzeichnen. Auch in Kopenhagen wurde deutlich, daß sich die gegenwärtige US-Administration, wie schon bei anderen politischen, ökonomischen, kulturellen und ökologischen Fragen, weigert, internationalen Konventionen beizutreten, die auch für die USA rechtsverbindlich wären. Doch von dieser Verweigerungshaltung einmal abgesehen, liegen die Gründe für die zögerliche Haltung der US-Regierung, den WADA-Code zu unterzeichnen, auch in der Organisationsform des amerikanischen Sports. Eine dem System der deutschen Sportförderung vergleichbare staatliche Sporthilfe gibt es nicht in den USA. Der Sport – auch der olympische – lebt von der Unterstützung durch Sponsoren und aus Mitteln der medialen Vermarktung. Wo Sport ist, ist auch ein Markt, und wo ein Markt ist, haben sich Staat und Politik rauszuhalten. Das ist Spielregel *number one*. Nirgendwo auf der Welt ist die Professionalisierung des Sports so weit fortgeschritten wie in den USA. Die großen amerikanischen Sportarten – Baseball, Basketball und American Football – bilden einen eigenen Kosmos, in dem Entscheidungen ausschließlich unter ökonomischen Gesichtspunkten ohne Berücksichtigung sportethischer Grundsätze getroffen werden. Im Zweifelsfall immer für den Profit und gegen die Sportethik.

Würde die US-Regierung den WADA-Code akzeptieren, dann müßte sie systematische Dopingkontrollen in allen Sportarten und bei allen Sportverbänden zulassen. Daß die großen, von staatlichen Mitteln unabhängigen Verbände sich gegen solche Kontrollen wehren, ist leicht nachvollziehbar. Ihr Geschäft floriert, die Sponsoren sponsern, das Publikum strömt. Auf internationale Wettbewerbe, wo andere Regeln gelten, sind sie nicht angewiesen. Sie konzentrieren sich ganz auf den US-Binnenmarkt. Doping ist natürlich auch bei den drei Spitzensportarten der USA untersagt. Aber alle wissen, daß gedopt wird – und nicht zu knapp.

Nach Schätzungen von US-Experten konsumieren jährlich bis zu drei Millionen US-Bürger Anabolika im Schwarzmarktwert von einer halben Milliarde Dollar. Bereits Schüler greifen zu Anabolika. Autoren mit Insiderwissen behaupten, daß zwischen fünfundzwanzig und vierzig Prozent aller Baseball-Spieler der Major Leage und rund die Hälfte aller Spieler im American Football auf Anabolika seien. Man tritt den amerikanischen Sportverbänden sicher nicht zu nahe, wenn man feststellt, daß ihr Interesse an der Dopingbekämpfung minimal, das Interesse am Vertuschen, Verschleiern und Verbergen von Dopingfällen dagegen ziemlich stark ausgebildet ist. »Den Drogentests traue ich nicht. Würde ein Superstar positiv getestet werden, käme das nie an die Öffentlichkeit«, erklärte einer der wenigen in der US-amerikanischen Basketball-Liga (NBA) aktiven deutschen Profis in einem Zeitungsinterview.[24] Der deutsche Vizepräsident des IOC teilt diese Auffassung. »Die Dopingpolitik der Amerikaner funktioniert nicht, das ist eine Erkenntnis der letzten Zeit. Sie müssen sich endlich internationaler Aufsicht stellen, um Chancengleichheit zu gewährleisten.«[25]

Die Scheu, Ergebnisse von Dopingtests in die Öffentlichkeit zu tragen, ist auch ein Reflex auf das US-amerikanische Rechtssystem. Wenn es um die »Berücksichtigung grundlegender Athletenrechte« geht, wissen sich die Spielergewerkschaften und deren Anwälte zu wehren. Vor der Athletenvertretung des Olympischen Komitees der USA nahm der New Yorker Anwalt Edward G. Williams, »ein Anwalt mit reichlich Prozeßerfahrung in Dopingfällen«,[26] wie Thomas Kistner in der »Süddeutschen Zeitung« hervorhebt, die Beschlüsse des Kopenhagener Anti-Doping-Konvents auseinander. Der neue WADA-Code verstoße gegen die Verfassung der Vereinigten Staaten. Mit ihren Testprozeduren zu jeder Zeit an jedem Ort wende die Welt-Doping-Agentur »Gestapo-Methoden« an. Ein Verstoß gegen US-amerikanische Rechtsprinzipien sei auch das dem Sport verbriefte Recht, bei Dopingfällen juristisch die Beweislast-Umkehr anzuwenden. Nicht der Staatsanwalt führt den Nachweis der Schuld, der Beschuldigte selbst hat seine Unschuld nachzuweisen. Das ist ein Verstoß nicht nur gegen US-amerikanische Rechtsprinzipien. Eine US-Regierung, die den WADA-Code unterzeichnen will, muß bei ihrer Entscheidung die Folgen der Klageflut, die ihre Unterschrift auslösen könnte, einkalkulieren. Sie muß aber auch einkalkulieren, was geschehen würde, wenn sie die Unterschrift verweigerte. Für einen erheblichen Teil des US-Profisports bliebe die Unterschriftenverweigerung folgenlos. Das ist sicher. Anders ist jedoch die Interessenlage der olympischen Sportarten. Sie leben vom internationalen Vergleich.

Die von der Welt-Doping-Agentur festgelegten Sanktionen sind hart und unerbittlich, vorausgesetzt, sie werden angewendet und nicht durch Sonderregelungen ausgehöhlt, wie sie die Vereinigten Staaten seit einiger Zeit schon bei internationalen Verträgen beanspruchen. Staaten, die der Konvention nicht zustimmen, verwirken das Recht, Olympische Spiele zu veranstalten. Verbände, die ihre Unterschrift verweigern, verlieren das Recht, Olympische Spiele zu beschicken. Wie der US-Sport und wie die US-Regierung reagieren werden, wenn sich herausstellt, daß niemand mehr mit ihnen spielen will, ist eine der Fragen, die schon bald die internationale Sportöffentlichkeit beschäftigen wird. Es ist in naher Zukunft mit schweren sportpolitischen Verwerfungen zu rechnen.

Erschwerend kommt hinzu: Die politische und gesellschaftliche Gewichtung des Dopingproblems in den USA unterscheidet sich von der vieler anderer Staaten. Medaillen gehen über Moral. Das ist Spielregel *number two*. Wenn die Show stimmt und die Rekorde fallen, läßt sich das amerikanische Publikum im Rausch seiner patriotischen Gefühle von Dopingfällen oder Dopinggerüchten sehr viel weniger verunsichern als das europäische. In den USA hat man sich mit dem Gladiatorenstatus von Spitzenathleten offenbar abgefunden. Das gilt auch für die Sponsoren.

In der Dopingdiskussion gibt es eine Denkschule, die davon ausgeht, daß die Dopingpraxis den Kontrollmethoden immer um einige Schritte voraus sein wird. Daran werde auch die Schaffung eines globalen Regelwerks nichts ändern. Erst wenn die Sponsoren absprängen und das Publikum sich angewidert abwende, sei Schluß mit

Günter Amendt

Doping. Sollte das eine Hoffnung sein, dann ist sie zumindest in den USA längst zerstört. Aber ist die Lage in Europa wirklich so anders? Daß sich Sponsoren zurückziehen, kommt vor. Prominentester Aussteiger nach dem »Tour de France«-Skandal war der Uhrenhersteller Festina. Der finnische Skiverband sah sich nach dem Dopingskandal in Lahti mit einer »Massenflucht« der Sponsoren konfrontiert. Auch beim »Team Telekom« soll es Überlegungen gegeben haben, auszusteigen, als Dopinggerüchte »die Farbe des Erfolgs« zu beschmutzen drohten. Die Verantwortlichen entschlossen sich jedoch, das Team weiterhin zu fördern und zugleich die Akzeptanzgrenze auszuweiten: »Ich glaube nicht, daß bei uns systematisch gedopt wird«, versichert einer aus der Telekom-Führungsetage.[27]

Nicht Doping im Einzelfall soll also das Problem sein, sondern systematisches Doping. Man müsse als Sponsor, erklärt der Vertreter eines großen Elektrizitätsanbieters, »den Konflikt aushalten zwischen negativen Begleiterscheinungen des Profitums und positiven Grundgedanken des Sports«.[28] Verfehlungen einzelner Fahrer würden umgehend geahndet, beschreibt der Sprecher des Hauses Gerolsteiner die internen Richtlinien, das Engagement des Teams werde aber nicht grundsätzlich in Frage gestellt. Das alles klingt so defensiv und unentschlossen, als wollte man erst einmal abwarten, wohin die Entwicklung geht. Außerordentlich zurückhaltend zeigen sich die Sponsoren auch bei der Einrichtung und Finanzierung der Nationalen Anti-Doping-Agentur (NADA). Beim NADA-Gründungsakt forderte der Innenminister als Vertreter des Staates Industrie und Gewerbe auf, endlich »zu erkennen, daß zum seriösen Sportsponsoring auch ein offensives Anti-Doping-Engagement gehört«.[29] Der Präsident des »Deutschen Sport Bundes« (DSB) legte nach und sprach von einer »Ehrenpflicht der Unternehmer«. Großen Eindruck hat er damit nicht gemacht. Die Finanzierung der Agentur ist weiterhin ungesichert.

Und das Publikum? Wendet es sich ab? Entlang der Strecke, sowohl beim »Giro d'Italia« wie bei der »Tour de France«, gab es Proteste. Eine Publikumsflucht war nirgendwo zu beobachten. Auch die Medien taten so, als wäre nicht viel geschehen. Sie gingen, wie jedes Jahr zur Sommerzeit, auf Sendung – stundenlang. Gerüchte über Dopingfälle und der eine oder andere kritische Kommentar über »das Tour-Umfeld« tragen eher zum Gelingen der ganzen Veranstaltung bei, indem sie ein zusätzliches Spannungsmoment in die Berichterstattung bringen.

Die Dopingdiskussion nervt aber auch, weil das Publikum längst weiß, was gespielt wird. Viele sind damit nicht einverstanden, aber den Spaß am Sport wollen sie sich nicht verderben lassen. Wenn ein Radprofi an einem Stück in einundzwanzig Tagen 3 500 Kilometer fährt, dabei Pässe von 2 800 Meter Höhe erklimmt und sechs Bergetappen innerhalb von acht Tagen absolviert, dann ist das auch mit Hilfsmitteln aus der Pharmaküche noch immer eine gigantische Leistung. So denken viele. Elio Pelli spricht es aus: »Ein Sportereignis ist nicht die Feier der unverdorbenen Natürlichkeit, sondern die Inszenierung der technischen Verbesserung des menschlichen Körpers.«[30] Auch das weiß jeder. Doping, »das ist die Mafia-Seite des Sports«, sagt Jean-Luc Godard, »aber jenseits dieser Welt der Software und des Profits bleibt eine gewisse Wahrheit«.[31] Es ist die Wahrheit der Leistung. Wie sie zustande kommt, interessiert in einer Gesellschaft, die sich dem Leistungs*prinzip* verschrieben hat, nur am Rande.

Die »Tour«, Jahr für Jahr von den französischen Medien mit immer größerem Aufwand als grandioses

Ereignis in Szene gesetzt, war von Anfang an auch eine Geschichte von Skandalen und Katastrophen. Lug, Betrug und Irreführung sind feste Bestandteile dieser Geschichte. Bereits in den 50er Jahren fiel Roland Barthes auf, wie sich die Sprache der »Tour«, die mit einem »Prolog« beginnt, der Sprache des Epos annähert: »Die Tour verfügt über eine echt homerische Geographie. Wie in der *Odyssee* ist das Rennen zugleich eine Rundreise mit Prüfungen und eine vollständige Erforschung der irdischen Grenzen.«[32] Von solchen Geschichten, ob sie im Kino, auf der Bühne oder auf dem Schlachtfeld des Hochleistungssports spielen, kann das Publikum nicht genug bekommen. Die »Tour de France« erzählt »vom Heroismus der Moderne«, schreibt Micha Ott in einem in der »Süddeutschen Zeitung« veröffentlichten Aufsatz. Leidtragende und Opfer all der Manipulationen, die seit jeher zur Geschichte der »Tour« gehörten, seien weniger die Zuschauer an der Strecke oder vor dem Bildschirm als die Athleten, ob sie nun sauber seien oder gedopt, denn »Doping zerstört entweder ihre Siegchancen oder ihre Körper«.

Wo die Zumutbarkeitsgrenze für das Publikum liegt, ist kaum voraussagbar. Nicht wenige Sportarten befinden sich wegen mangelnden Zuschauer- und nachlassenden Medieninteresses in der Krise. In vielen Sportarten ist das Verhältnis zum Publikum angespannter, als Vereine und Verbände es wahrhaben wollen. Während die Verbandsoberen unbeirrt an die unbegrenzte Verkäuflichkeit ihres »Produkts« glauben, reibt sich das Publikum an nicht nachvollziehbaren Trainerentscheidungen, an eitlen und eigenmächtigen Vorständen, die mit Geldern jonglieren, die nicht die ihren sind, an den hygienischen Zuständen in den Stadien, an den Preisen für das Bier und den Kosten bei Auswärtsspielen, an gekauften Schiedsrichterentscheidungen und an hochbezahlten Spielern, die keine Leistung bringen. An Doping reibt sich kaum einer, hier scheint die Zumutbarkeitsgrenze noch lange nicht erreicht zu sein.

Da Sport als Teil der Unterhaltungsindustrie von Rekorden und spektakulären Leistungssteigerungen lebt, die natürliche Leistungsgrenze des Menschen in praktisch allen Sportarten aber längst erreicht ist, wird Doping auch in Zukunft Bestandteil des professionellen Sportbetriebs sein. *No doping – no sports.* Möglicherweise läßt sich mit Hilfe der Gentechnologie die moralische Seite des Dopingproblems entschärfen, dann nämlich, wenn niemand mehr über Doping spricht, weil der Punkt erreicht ist, an dem Doping nicht mehr nachweisbar ist. Nicht umsonst hat die Kopenhagener Konferenz im Vorgriff auf die Zukunft auch das Verbot von Gen-Doping in den WADA-Code geschrieben. Schon heute kursieren auf gentechnologischer Grundlage hergestellte Medikamente im Dopinguntergrund, die im Körper nachzuweisen außerordentlich schwierig ist. Bei den Olympischen Spielen in Sydney waren gentechnisch hergestellte Wachstumshormone im Großeinsatz, davon sind viele Sportmediziner überzeugt. Die Laborleute sagen, die Verfeinerung der Meßmethoden sei technisch möglich, vorausgesetzt, es finde sich jemand, der die Kosten für die Weiterentwicklung der Meßgeräte übernimmt.

Gen-Doping meint aber etwas anderes. Im Unterschied zum traditionellen Doping, wo dem Athleten und der Athletin körperfremde Substanzen zugeführt werden, nimmt Gen-Doping Veränderungen an der menschlichen Zelle selbst vor. Der Leiter des Dopinglabors in Kreischa hält das alles für nicht real, sondern für Science-fiction, auf jeden Fall sei es angebracht, der von Biotechnologen verbreiteten Machbarkeitspropaganda zu mißtrauen. Dagegen ist der Laborchef des

Günter Amendt

Kölner Instituts für Biochemie überzeugt davon, daß Eingriffe in die Zellstruktur des menschlichen Körpers zur Stimulierung von Wachstumshormonen längst versucht werden. Solche Eingriffe sind nicht nachweisbar, es sei denn, die Kontrollinstanzen verfügten über das DNA-Profil eines Verdächtigen in jungen Jahren. Jeder, der Sport treibt, müßte also, bevor er oder sie einem Verein beitritt oder den ersten Wettkampf bestreitet, einen genetischen Fingerabdruck hinterlegen, der zum Vergleich mit dem aktuellen DNA-Profil herangezogen werden würde, wenn sich ein Dopingverdacht ergibt. Nichts anderes fordert der Leiter des Kölner Dopinglabors. »Wenn wir die Gefahr durch Gen-Doping ernst nehmen, müssen wir jetzt flächendeckend Steroidprofile anlegen.«[33] Unschuldsvermutung, das war einmal. Der Kontrollstaat schlägt zu – präventiv und prophylaktisch.

1.4 *Die Individuen der postindustriellen Gesellschaft werden in die Selbstverantwortung entlassen. Auf den Konsum von Drogen übertragen, ist Selbstverantwortung mit Selbstmedikation gleichzusetzen.*

Der pharmakologische Weg zur Steigerung der Arbeitsleistung und zur lustvoll-lockeren Bewältigung der sogenannten Freizeit ist nicht ohne Risiko. Unerwünschte Nebenwirkungen sind, wie jeder weiß, nicht auszuschließen, massive Selbstschädigungen nicht selten die Folge. Wer jedoch, um nicht auf der Verliererseite zu enden, dem Tempo der Maschinen und Prozessoren folgen will, muß prinzipiell bereit sein, sich mit allen verfügbaren Mitteln anzupassen und die damit verbundenen Risiken in Kauf zu nehmen. Diese Bereitschaft ist vorhanden, bei der jungen Generation mehr als bei der alten. Sie wird gefordert, und sie wird gefördert, weil Modernisierung unter dem Vorzeichen des Neoliberalismus Rückzug des Staates aus den Solidarsystemen und letztlich die Zerschlagung der Solidargemeinschaft bedeutet. Die Individuen der postindustriellen Gesellschaft werden in die Selbstverantwortung entlassen.

Auf den Konsum von Drogen übertragen, ist Selbstverantwortung mit Selbstmedikation gleichzusetzen. Damit entfällt auch das moralische Verdikt des Drogen*miß*brauchs. Drogen werden im postindustriellen Zeitalter als Mittel der Selbstmedikation *gebraucht*. Deshalb verpuffen auch alle Warnungen vor den Risiken synthetischer Drogen, wie das Konsumverhalten der Partyszene zeigt. Die Risiken werden zur Kenntnis

Günter Amendt

genommen und als tragbar akzeptiert, schließlich ist die Entscheidung, eine synthetische Droge zu nehmen, nur eine von vielen Risikoabwägungen im täglichen Umgang mit den Risiken der Chemie.

Mit dem Übergang vom industriellen zum postindustriellen Zeitalter hat sich die Risikoschranke insgesamt verschoben – bei den Alten wie bei den Jungen. Der in den 1980er Jahren in die sozialwissenschaftliche Diskussion eingeführte Begriff der »Risikogesellschaft« bedeutet ja zweierlei. Er benennt die objektiven Risiken hochkomplexer Informationssysteme und hochgefährlicher Technologien, die sich mit der Atomspaltung, der Genmanipulation und den vernetzten Informationssystemen durchgesetzt haben und deren destruktive Potentiale den gesamten Globus bedrohen. Risikogesellschaft meint aber auch die Bereitschaft der Subjekte, unter den gegebenen Bedingungen und im Bewußtsein dieser globalen Bedrohungspotentiale erhöhte Risiken einzugehen, um einerseits die Arbeit und die von Erwerbsarbeit freie Zeit bewältigen und andererseits die permanente Beschleunigung psychisch überleben zu können. »Don't fear risks – ride them«, der Werbeslogan eines Automobilherstellers gibt die Richtung vor.

Aufgabe der Pharmaindustrie in diesem »Modernisierung« genannten Anpassungsprozeß ist die Bereitstellung von Substanzen, welche die Subjekte unabhängig machen von ihren eigenen hemmenden oder lästigen Emotionen. Nach dem Motto »Jedem das Seine und Jeder das Ihre« wird mit Hochdruck an der pharmakologischen Regulierung menschlicher Gefühlszustände gearbeitet. Völlig zu Recht spricht der Schweizer Psychiater Marc Rufer in seinem 1995 veröffentlichten Buch *Glückspillen* von einem »Comeback der Psychopharmaka«.[34]

Je mehr die Grenze zwischen Medikament und Droge, zwischen Heil- und Rauschmittel verschwimmt, desto schwerer ist der tatsächliche, medizinisch begründete Bedarf einer Psychodroge zu ermitteln. Heute sind selbst pharmakritische Psychiater bereit, psychoaktive Substanzen – etwa bei der Behandlung einer Depression – in Kombination mit verschiedenen anderen therapeutischen Mitteln und Maßnahmen einzusetzen, auch wenn es an Warnungen vor einer Überschätzung dieser Substanzen nicht fehlt. Die Zahl der Menschen, die unter Depressionen leiden, nimmt zu in den Industriegesellschaften. Neue Studien registrieren einen hohen Anteil an Jugendlichen, die über gedrückte Stimmung, Antriebsverlust und Hoffnungslosigkeit klagen. Neu ist auch die geschlechtsspezifische Entwicklung. Zwar leiden noch immer doppelt so viele Frauen wie Männer unter depressiven Erkrankungen, doch der Anteil depressiver Männer steigt an, und zwar in Korrelation mit dem Anwachsen sozialer Ängste.

Mit dem Risikopegel ist auch der Angstpegel gestiegen. Darauf hat Berthold Rothschild in seinem in der »Wochenzeitung« erschienenen Aufsatz »Für einen Ehrenplatz der Angst, der Leibwächterin der Seele«[35] hingewiesen. Denn Angst hat eine Signalfunktion, die sowohl als individuelle wie als kollektive Erscheinung beachtet und respektiert werden sollte, was keineswegs selbstverständlich ist. (So wurde im Vorfeld des Krieges gegen den Irak die Zurückhaltung der Europäer und ihre Weigerung, sich an einem Angriffskrieg zu beteiligen, in der US-amerikanischen Öffentlichkeit als Angst interpretiert und denunziert: Europäer seien Weicheier, Eunuchen, Waschlappen, Feiglinge und Tunten.) Rothschild dagegen sieht in der ansteigenden Angst auch eine »Wiederaneignung der natürlichen psychischen Funktionen«. Das Anwachsen eines »idiosynkratischen Empfindens gegenüber seelischen Indoktrinationen und Mißbräuchen aller Art, auch wenn sie noch so geschniegelt und ›modern‹ daherkommen«, schärfe den Blick für die Ursachen der Angst und mache diese produktiv, anstatt auf die schnell abstellende Wirkung einer Psychopille zu vertrauen. Das verlangt jedoch Anstrengungen von den Subjekten, die viele Menschen nicht bereit oder nicht fähig sind, zu erbringen, weil es ihnen an der Kraft fehlt, die nötig wäre, sich mit der bloßen Bekämpfung von Symptomen nicht zu begnügen.

In den Wochen und Monaten nach den Ereignissen des 11. September 2001 stieg die Nachfrage nach Antidepressiva und Beruhigungsmitteln in den USA dramatisch an. Aber nicht nur in New York und Washington, auch in Deutschland beobachteten Hausärzte, daß Patienten, die vorher nie behandlungsbedürftig erschienen, plötzlich von massiven Angststörungen erfaßt wurden. Wenn dann auch noch Angst und Panik von oben angeheizt werden, sind »kollektive Panikattacken« unvermeidbar. In den USA breite sich, so der Soziologe Barry Glassner in seinem Buch *The Culture of Fear*, eine Angstkultur aus, die das öffentliche Leben lähme: »Diese Zunahme der Angst hat viel mit dem amerikanischen Individualismus zu tun, der schon seit der amerikanischen Revolution das Leitmotiv der amerikanischen Kultur war. Wenn das an einen Punkt kommt, an dem der einzelne zu sehr auf sich selbst gestellt ist, so wie in den USA, wo während der letzten Jahrzehnte kontinuierlich öffentliche Dienste und Einrichtungen abgebaut wurden, dann kriegen es die Leute eben mit der Angst zu tun.«[36]

Zur Angst kommt die Müdigkeit. Ein erheblicher Teil der Menschen in den Industriegesellschaften leidet unter einem Zustand chronischen Schlafmangels. Die Organisation des Arbeitsprozesses, aber auch die der Freizeitgestaltung widerspricht dem Biorhythmus der meisten Menschen: »Massive Schlafdefizite durch das hektische neue Lebenstempo werden zunehmend mit schweren Krankheiten wie Diabetes, Krebs, Schlaganfall und Depression in Zusammenhang gebracht«, schreibt Jeremy Rifkin, Präsident der »Foundation of Economic Trends«, in seinem in der »Süddeutschen Zeitung« veröffentlichten Essay »24 Stunden geöffnet«.[37] So haben Forscher herausgefunden, daß der in Deutschland und in der Schweiz übliche frühe Schulbeginn mit dem Biorhythmus von Kindern unvereinbar ist. Die Wachheit sei bei Kindern um acht Uhr noch so niedrig, daß es nicht zulässig sei, da schon Leistung von ihnen zu fordern, sagen Biologen, die den Schlaf-Wach-Rhythmus von Kindern untersucht haben. Der Schulbeginn orientiere sich ausschließlich an den Bedürfnissen der Erwachsenen und deren Interesse an einem möglichst frühen Beginn der Freizeit, kritisieren die Forscher. Zur Müdigkeit kommt der Streß. Schon Kinder zeigen Streß-Symptome, die einer Behandlung bedürfen – mit der Folge, daß Kinder immer früher mit Pillen und Tabletten in Berührung kommen.

All das sind verlockende Aussichten für die Pharmaindustrie, deren Aktien von Anlageberatern nicht umsonst als eine der wenigen sicheren Zukunftsinvestitionen eingestuft werden. Diese Zukunft wird noch rosiger sein, wenn, wie Francis Fukuyama prognostiziert, »das Wissen über die Genome pharmazeutische Unternehmen in die Lage versetzt, Medikamente spezifisch auf die genetischen Profile individueller Patienten abzustimmen und damit unbeabsichtigte Nebenwirkungen weitgehend auszuschalten«.[38]

Zweifel sind angebracht, ob dieses Produktionsziel jemals erreicht werden kann. Wenn es aber tatsächlich gelänge, den Grundwiderspruch der Pharmaproduktion – keine Wirkung ohne Nebenwirkung – zu eliminieren, dann wäre das zweifellos der Durchbruch in eine profitable Zukunft. Das liefe, so Fukuyama, »auf ein

Leben ohne Depression, aber auch ohne Kreativität und Geist« hinaus, »auf Therapien, die die Grenzlinie verwischen zwischen dem, was wir aus eigener Kraft erreichen, und dem, was wir aufgrund des Pegelstandes an verschiedenen Chemikalien in unserem Hirn zuwege bringen«. Fukuyama nennt diesen Zustand ausdrücklich eine »negative Utopie«, deren Verwirklichung davon abhänge, ob und wie weit die Subjekte bereit seien, sich auf Dauer einer chemischen Fremdsteuerung und damit einer Wesensveränderung zu unterwerfen. Die Widerstandskraft ist jedoch nur schwach ausgebildet, weil die Bereitschaft, Schmerz zu ertragen und Leid zu akzeptieren, im Schwinden begriffen ist, dort jedenfalls, wo Schmerzmittel alternativ zur Verfügung stehen. Mit dem Leid wird auch das Mitleid schwinden, denn ohne die Übel des Schmerzes, des Leids und des Elends »gäbe es kein Mitempfinden, kein Mitleid, keinen Mut, keinen Heroismus, keine Solidarität, keine Charakterstärke«.[39]

Die Weltgesundheitsorganisation (WHO) vermutet, daß der Anteil psychischer Erkrankungen, bezogen auf die Gesamtheit aller Krankheiten, in den kommenden Jahren sukzessive von zehn auf fünfzehn Prozent ansteigen wird. Eine eher konservative Schätzung. Die weltweite Zunahme des Konsums von synthetischen Drogen zur Bekämpfung von Schlaflosigkeit, Streß, Übergewicht, Antriebslosigkeit, Lustlosigkeit, Verstimmung, Übellaunigkeit und Angst wird vom Suchtstoffkontrollrat der Vereinten Nationen (INCB) als so dramatisch eingeschätzt, daß er Pharmadrogen zum Sonderthema seines Berichts[40] zur Jahrtausendwende machte.

Vier Prozent der Bevölkerung in den »entwickelten Ländern« (»developed countries«) konsumieren regelmäßig und anhaltend Psychodrogen aus den Labors der Pharmaindustrie. Davon geht der Suchtstoffkontrollrat in seinem *Report 2000* aus. Ein bemerkenswerter Teil

dieser Konsumenten – in einigen Ländern bis zu siebzig
Prozent – leide jedoch mehr unter dem Druck der sozialen Verhältnisse als an einer psychischen Erkrankung im klinischen Sinne. In vielen Ländern sei es
üblich, Psychopharmaka ohne jede Diagnose einer psychischen Erkrankung zu verschreiben. In Deutschland
sind, so wird geschätzt, anderthalb Millionen Menschen, vor allem ältere, abhängig von Arzneimitteln:
»Etwa sechs bis acht Prozent aller vielverordneten Arzneimittel besitzen ein eigenes Suchtpotential, das bei der
Verordnung im Hinblick auf die Dauer, die Dosierung
und die Indikation sorgfältig berücksichtigt werden
sollte, aber viel zu häufig nicht berücksichtigt wird«,
kritisiert die Zeitschrift »Mabuse«.[41] Diese Kritik deckt
sich mit der des Suchtstoffkontrollrats, der seine Kritik ebenfalls an der Verschreibungspraxis festmacht
und die Verletzung ethischer Normen beklagt. Als
Gründe für die medizinisch nicht vertretbare Verschreibung von psychoaktiven Substanzen durch die Ärzteschaft nennt der Kontrollrat: schlechte Ausbildung,
Mangel an Information, Gleichgültigkeit, ein Mangel
an Professionalität, Gewissenlosigkeit, persönliche Drogenabhängigkeit, kriminelle Energie oder direkte finanzi-
elle Interessen.

Ethische Normverletzungen sind nur schwer faßbar.
Das meiste in diesem Katalog unedler Motive ist keine
justiziable Normverletzung, die staatliche Eingriffe legitimieren würde, denn das Ganze spielt sich in der Legalität von Arztpraxen ab: »Es ist der Verschreiber, der die
Wahl der Droge, die Dosierung, die Dauer und die
Bestimmung und schließlich die Verfügbarkeit einer
bestimmten psychoaktiven Substanz für den jeweiligen
Patienten bestimmt«,[42] hält der Bericht des Suchtstoffkontrollrats ausdrücklich fest. Sein Appell an die Ärzteschaft, sich ethisch sauber und anständig zu verhalten,

klingt hilflos, wie auch der Appell an die Regierungen, endlich zu handeln. Sie sollen nicht nur den Trend zur Medikalisierung sozialer Probleme stoppen, sondern auch die Kontrolle der Herstellung und des Vertriebs psychoaktiver Substanzen verstärken und das Parallelsystem der Drogendistribution zerstören. Das ist so einfach nicht, obwohl sich der medizinische Bedarf an psychoaktiven Substanzen statistisch ermitteln ließe, woraus sich quasi automatisch das Produktionsziel ergäbe. Alles, was drüberliegt, wäre dann für den illegalen Parallelmarkt bestimmt und damit seinerseits illegal.

Auf dem heimischen Markt mag dieses Kontrollsystem greifen. Doch die großen Pharmakonzerne sind global tätig. Ähnlich wie die Tabakkonzerne, die Zigaretten legal exportieren, die dann illegal reimportiert werden, produziert auch die Pharmaindustrie für den illegalen Parallelmarkt über den Umweg des benachbarten Auslands. Schon in den 1950er Jahren wurde so in den USA über den Umweg Mexiko der Highway- und Tankstellenhandel von *Amphetamin*en abgewickelt.

Beim Comeback von Psychodrogen geht es um mehr als nur die Produktion von »happy pills« zur Aufhellung und Ausgestaltung des Freizeitlebens. Es geht auch um mehr als nur die Produktion von Leistungsdrogen zur Bewältigung der Arbeit. Es geht um Produkte zur Regulierung des Sozialverhaltens beziehungsweise zur Eliminierung unerwünschter Verhaltensweisen.

Die Psychodroge *Ritalin*, ein Produkt des Pharmamultis Novartis, ist das erfolgreichste Produkt in diesem Marktsegment, wobei derzeit noch neunzig Prozent der Droge in den USA konsumiert werden, und da vor allem von überaktiven und konzentrationsgestörten Kindern und Jugendlichen. Ihnen wird die Droge von Ärzten verschrieben und über die Institution »school nurse« in den Schulen und Kindertagesstätten verabreicht. Zwischen sechs bis neun Millionen US-amerikanischer Kinder und Jugendlichen werden wegen Verhaltensauffälligkeiten mit *Ritalin* therapiert, und Millionen anderer Kinder werden wegen andersgearteter Diagnosen mit andersgearteten Medikamenten behandelt. Bereits Kindern im Vorschulalter werden Antidepressiva verabreicht – mit steigender Tendenz. Längst ist in den USA eine Diskussion im Gange, ob das, was viele Fachleute für eine Übermedikation halten, den Kindern hilft oder ob es sie schädigt. Die Gesellschaft sei dabei, sagen die Kritiker, die Kindheit zu pathologisieren und pharmakologisch zu therapieren.

Ritalin-Kritiker bestreiten nicht, daß die Zahl auffälliger Kinder und Jugendlicher, deren Verhalten pathologischen Charakter trägt, stark zunimmt. Das Phänomen ist weltweit in allen Industriegesellschaften zu beobachten. Es wäre auch ein Wunder, wenn es anders wäre. Die Kinderarmut steigt, die sozialen Dienste für bedürftige Kinder werden reduziert oder ganz eingestellt, immer mehr Kinder leben in Trennungsverhältnissen, die Schulklassen sind überfüllt, Fernsehen und Computer verschlingen kostbare Lebenszeit von immer mehr Kindern, die Bewegungsarmut nimmt zu, das Sprachvermögen nimmt ab. Die Verhältnisse sind krankmachend. Ab wann aber ein Verhalten als pathologisch zu gelten hat und medikamentöser Behandlung bedarf, ist die Frage, um die sich die Auseinandersetzung dreht.

Das 1987 von der »American Psychiatric Association« eingeführte Krankheitsbild »Konzentrationsschwäche und Hyperaktivität« ADHD (*Attention Deficit Hyperactivity Disorder*) ist als Diagnose höchst ungenau, auch weil die Krankheit nicht selten einhergeht mit anderen schweren Erkrankungen. Weil es ein allgemein anerkanntes Diagnoseverfahren nicht gibt, ist der Anwendungsbereich von *Ritalin* unbegrenzt und letztlich abhängig von der subjektiven Bewertung derer, die das Verhalten eines Kindes als sozial erwünschte Aktivität oder als sozial unerwünschte Hyperaktivität definieren. In der diagnostischen Ungenauigkeit liegt die Marktchance der Droge, die in den USA immer häufiger auch als Cocktail in Kombination mit *Prozac* und vergleichbaren Substanzen zur Ausbalancierung der Persönlichkeit verabreicht wird.

Wie schon bei *Prozac* häufen sich auch bei *Ritalin* die Warnungen vor Hirnschäden im Alter. Die Öffentlichkeit, auch in Europa, wo das Medikament immer öfter verordnet wird, ist verunsichert. Ob die Warnungen berechtigt sind, ist ungewiß. Die befürchteten Folgen werden, wenn überhaupt, frühestens in zehn bis zwanzig Jahren eintreten. Die Warnungen der Wissenschaftler stützen sich also auf die Ergebnisse von Tierversuchen. Aufgrund dieser Ergebnisse vermutet der Göttinger Neurologe Gerald Hüther, daß Methylphenidat, die Hauptsubstanz der Droge, in jungen Gehirnen anders wirke als in alten. Ob das, wie häufig behauptet wird, zu einer Parkinson-Erkrankung führen kann, vermag er derzeit nicht zu sagen. Ungeachtet aller pharmakologischen Risiken ist Hüther der Auffassung, Kinder sollten grundsätzlich »so selten wie möglich die Erfahrung machen, daß sie nur mit Hilfe einer Pille funktionieren können. Sie müssen erleben, wie sie aus sich selbst heraus Probleme lösen können. Nur dann organisiert sich das Hirn neu«.[43]

Schließlich und endlich: *Ritalin* macht high! Es konnte also nicht ausbleiben, daß sich die Droge als illegale »smart drug« bei US-amerikanischen Teenagern – geschluckt und geschnupft – großer Beliebtheit erfreut: »Methylphenidate – wie *Ritalin* – reizen das zentrale Nervensystem und teilen viele der pharmazeutischen Effekte von *Amphetamin*en, *Metamphetamin*en und *Kokain*«, warnt die US-amerikanische Drogenbehörde

DEA in einer Informationsschrift zu *Ritalin* als Party-droge. Einmal mehr hat sich mit *Ritalin* eine psychoaktive Substanz am Drogenmarkt etabliert, die ihren noch lange nicht ausgereizten Markterfolg der Tatsache verdankt, sowohl als Medikament wie als Rauschmittel brauchbar zu sein.

Wann ist der Körper des Menschen mit toxischen Stoffen derart verseucht, daß die zur Streßbewältigung und Stimmungsaufhellung eingesetzten Aufputsch- und Betäubungsmittel und deren Mix mit allem, was anturnt und reinknallt, das Gegenteil dessen bewirken, was medizinisch-pharmakologisch einmal gewollt war? Psychoaktive Substanzen verfügen allzuoft über die fatale Eigenschaft, das Verlangen nach einem Gegenmittel schon in sich zu tragen. Auf die »uppers« folgen die »downers«, das Beruhigungsmittel verlangt nach einem Aufputschmittel – ein Effekt, der nicht selten in einem Suchtkreislauf endet. Eine aus der Sicht der Produzenten von Pharmadrogen ideale Konstellation, die nach neuen pharmakologischen Antworten verlangt. Die Antwort auf die kriegsbedingte Morphinsucht des 19. Jahrhunderts war *Heroin*, das als Entzugsmittel am Markt eingeführt und beworben worden war. Die Antwort auf *Heroin* war *Methadon*, mit seinerseits hohem Suchtpotential. Und so weiter und so fort. Nun bereitet die Pharmaindustrie mit der fragwürdigen Behauptung, *das* Suchtzentrum im Hirn gefunden zu haben, eine Serie neuer Produkte vor, denen die Eigenschaft zugeschrieben wird, die Gier nach bestimmten Suchtstoffen zu eliminieren. Ob Alkohol oder Nikotin, ob »Koks« oder »Äitsch«, alles, was Suchtstoffe transportiert und ein Suchtpotential in sich birgt, soll pharmakologisch aufgefangen und neutralisiert werden. Eine profitable Perspektive, wenn man daran glaubt, das Suchtproblem sei pharmakologisch zu lösen.

Wie soll der Staat, wie die Gesellschaft mit *Dual use*-Produkten umgehen? Sollten Substanzen mit doppeltem Gebrauchswert einfach verboten werden? Das wäre, selbst wenn man es für richtig hielte, politisch nur schwer durchsetzbar. Dazu ist der Einfluß der Pharmaindustrie zu groß, obwohl in Schweden *Ritalin* als Mittel der ärztlichen Wahl nicht zugelassen ist und obwohl die Droge in den USA auf die Liste von Stoffgruppen gesetzt wurde, an die besonders strenge Anforderungen bei der Verschreibung gestellt werden. So verfahren auch die Staaten der Europäischen Union. Die US-amerikanische Drogenbehörde will die Gesamtmenge an *Ritalin*, das in amerikanischen Labors hergestellt wird, im Auge behalten und baut im übrigen auf die Kooperationsbereitschaft der Ärzte. Währenddessen ist die Pharmaindustrie dabei, Druck auf den Gesetzgeber auszuüben, *Ritalin* und verwandte Stoffe wieder herabzustufen und die strengen Anforderungen bei der Verschreibung zu lockern. Anders als die Tabakindustrie, deren Kapitalkraft nicht mehr auszureichen scheint, die Gesetzgebung in ihrem Sinne zu beeinflussen, ist die Pharmaindustrie gegen den allgemeinen Trend dabei, eine Lockerung sowohl der Verschreibungs- wie der Werbevorschriften durchzusetzen.

In der Europäischen Union gibt es unter dem Druck US-amerikanischer Konzerne Bestrebungen, für bestimmte verschreibungspflichtige Stoffgruppen *direct-to-consumer advertising* zuzulassen. Der Patient soll dem verschreibungsberechtigten Arzt vorschlagen können, welches der zur Wahl stehenden Medikamente er als Konsument bevorzugt, weil er den Versprechungen der Werbung mehr glaubt als der Kompetenz des Arztes. Selbstverständlich wissen Vertreter der Pharmaindustrie eloquent zu versichern, daß solches Konsumentenverhalten der Gesundheit des Patienten diene, während eine Kommission der Medizinischen Gesellschaft des Staates New York lapidar festhält, finanzieller Profit und nicht Aufklärung und Gesundheitsförderung sei das Motiv dieser Art von offener Werbung für verschreibungspflichtige Medikamente.

Ob und wie weit sich der Umgang mit psychoaktiven Substanzen staatlich regulieren läßt im Sinne einer Schadensminimierung, ist weit mehr als nur eine technische Frage. Die Arzneimittelgesetzgebung sieht durchaus Mechanismen vor, den Kreis von Bezugsberechtigten eines Medikaments radikal einzuschränken. Auch ein Verbot bestimmter Präparate ist möglich. Das geschieht immer mal wieder, wenn auch oft viel zu spät. Von Zeit zu Zeit nimmt die Industrie von sich aus ein Medikament vom Markt, weil es nicht profitabel genug ist, weil die Nebenwirkungen als nicht mehr tragbar eingeschätzt werden oder weil Platz geschaffen werden soll für ein neues Produkt im selben Marktsegment bei höheren Profiterwartungen. Problematisch ist die Entfernung einer verschreibungspflichtigen Pharmadroge vom Markt immer dann, wenn es für das betreffende Produkt auch eine Nachfrage am illegalen Markt gibt, die so groß ist, daß sich die Aufnahme einer illegalen Produktion lohnen könnte. Das ist nur selten der Fall. Das Herstellungsverfahren ist für Laienchemiker oft zu kompliziert und die Beschaffung der Rohstoffe einfach zu aufwendig. Andererseits ist nicht zu übersehen, daß alles, was auf der illegalen *Amphetamin*strecke angeboten wird, ausschließlich abgedeckt wird von Produkten, die ihren Ursprung in den Labors der Pharmaindustrie hatten und oft über einen langen Zeitraum als Medikamente leicht zugänglich waren.

Wenn auch nicht gleich das »Ende des Menschen« heraufzieht, wie der deutsche Titel von Francis Fukuyamas Buch nahelegt, so ist doch unübersehbar, daß den

Günter Amendt

auf die Psyche einwirkenden Produkten der Pharmaindustrie Entwürfe der menschlichen Persönlichkeit zugrunde liegen, die einer gesellschaftlichen Überprüfung
dringend bedürfen. Da es keine Instanz gibt, die durch
einen breiten Konsens legitimiert wäre, zu bestimmen,
was gut für den Menschen ist und was schlecht, werden
die Subjekte am Ende jede und jeder für sich zu entscheiden haben, ob sie dem Modell entsprechen wollen, das
Sozialingenieure für sie entworfen haben.

Dabei fragen sich viele, warum der Mensch sein Gefühlsleben nicht pharmakologisch steuern sollte, wenn
ihm der Fortschritt der Pharmaforschung Substanzen
zur Verfügung stellt, die Glücksgefühle oder wenigstens
doch einen Zustand der Zufriedenheit garantieren. Wer
von klein auf als Konsument und Konsumentin heiß
umworben ist, wer früh darauf dressiert wurde, seine
Glückserwartungen an Fetische zu binden, wer sein
Selbstwertgefühl schon als Kind aus dem Besitz beziehungsweise dem Konsum von Statusgütern bezieht und
wer eine Zukunft vor Augen hat, die mit angstmachen-
den Risiken gepflastert ist, wird sich nur schwer vom
Konsum glückverheißender und Wohlbefinden verspre-
chender Drogen abhalten lassen. Darüber hinaus sind
Chancen und Risiken der Individuen zunehmend von
Entwicklungen abhängig, die sich ihrem Zugriff entziehen. Sicheren Zugriff hat das Individuum einzig auf Substanzen, die ihm helfen, sein desolates, von Ängsten
überflutetes Gefühlsleben chemisch ins Gleichgewicht
zu bringen. Warum sollte ein Mensch, der diese Wahl hat,
darauf verzichten? Je mehr Menschen aber dazu bereit
sind, die Ursachen psychischer Probleme ausschließlich
bei sich beziehungsweise in sich selbst zu suchen, desto
geringer wird der soziale Zusammenhalt.

Der als Unwort disqualifizierte Begriff der »Ich-
AG« hat in der Vorstellungswelt neoliberaler Ideologien

als Persönlichkeitsideal durchaus seinen Sinn. Er beschreibt einen anzustrebenden Zustand der totalen Autonomie der Subjekte, die für ihre Handlungen wie für ihre Unterlassungen und folglich auch für ihre Probleme und deren Lösung alleine verantwortlich sind. Die ehemalige britische Premierministerin Magaret Thatcher hat diesen Zustand antizipiert, indem sie die Existenz von *Gesellschaft* schlichtweg bestritt. Sie akzeptiere nur den Staat und das Individuum. Der Verlust an Tradition und das Schwinden jeder Form von kollektiver Identität führe zu einer rapide anwachsenden Distanz zwischen den Individuen und werde, befürchtet der Ethnologe und Kulturhistoriker Hans Peter Dürr, in einem »sozialen Kollaps« enden.[44]

Mit der Pharmakologisierung des Alltags wird die Vereinzelung der Subjekte vorangetrieben. Wer sie aufhalten will, müsse bereit sein, Grenzziehungen vorzunehmen und Grenzziehungen zu akzeptieren, argumentiert Fukuyama. Eine Methode, die sich anbiete, bestehe »in der Unterscheidung zwischen Heilbehandlung und Vervollkommnung«. Man solle »die Forschungsbemühungen auf den ersten Sektor ausrichten und den zweiten mit Restriktionen versehen«.[45] Ein naiver Wunsch, gehen doch die Bemühungen der Pharmaindustrie in die genau entgegengesetzte Richtung. Sie konzentriert ihre Anstrengungen darauf, die Grenzen zwischen Heilbehandlung und Vervollkommnung zu verwischen und im Lifestyle-Segment aufgehen zu lassen.

Mit dem von US-amerikanischen Behörden vergebenen »Patent auf Leben« wurde, nach Auffassung des kürzlich verstorbenen Molekularbiologen und Chemikers Erwin Chargaff, die Chance zu einer Grenzziehung endgültig verspielt. Die Biowissenschaften seien als Branche der freien Marktwirtschaft nicht bereit, eine Ethik des Verzichts in der naturwissenschaftlichen For-

Günter Amendt

schung zuzulassen. Jeder Sieg über die Natur aber werde mit einer Niederlage erkauft, sagt Charkoff am Ende seines Lebens im 20. Jahrhundert: »Ich bin gegen den Fortschritt. Ich leugne, daß es ihn gibt.«[46]

Wo ist die objektive Grenze der chemischen Manipulierbarkeit des menschlichen Hirns? Gibt es so etwas wie einen pharmakologischen *overkill*? Fukuyama glaubt, menschliches Verhalten sei zwar formbar und variabel, »dies aber nicht unbegrenzt; an einem gewissen Punkt tauchen tiefverwurzelte Instinkte und Verhaltensmuster wieder auf und unterlaufen die raffiniertesten Entwürfe der Sozialingenieure«. Eine Hoffnung, mehr nicht. Pharmakologen werden auf die Frage nach dem *overkill* anders antworten als Gentechnologen. Die glauben längst erkannt zu haben, daß der Mensch von heute den Anforderungen von morgen nicht mehr gewachsen ist; auch nicht mit Hilfe traditioneller Drogen. Wenn Drogen es nicht mehr bringen, hilft nur noch der Eingriff in die menschliche Keimbahn. Das wäre der nächste logische Modernisierungsschritt, den der in einer Veröffentlichung zum »Marketingtag 2001« zitierte Kunst- und Designwissenschaftler Norbert Bolz geradezu herbeisehnt: »Die Konsumenten haben sich selbst entdeckt als Quelle allen Glücks.« Der Körperkult werde durch die biotechnologischen Erkenntnisse der Wissenschaft noch ausgeprägter werden, Genmanipulationen seien ein zukunftsträchtiges Business, »die alte Kundenerwartung ›Befriedige meine Bedürfnisse‹ wird zur ultimativen Forderung ›Verändere mich‹«.[47]

Instrumente, diese Entwicklung zu steuern und sie zu verlangsamen, stehen zur Verfügung. Grenzziehungen in Form von Selbstbeschränkungen der produzierenden Industrie und der Forschung, die ihr zuarbeitet, Selbstbeschränkungen der verschreibenden Ärzteschaft, Produktionskontrollen, Werbeverbote und in Sonderfällen auch Produktionsverbote, das alles ist einsetzbar, wenn ein politischer Wille als Ergebnis einer gesellschaftlichen Auseinandersetzung vorhanden ist, in diesen Prozeß eines zunehmenden Autonomieverlusts der Individuen korrigierend einzugreifen.

Ein Instrument aber wird in dieser Diskussion erst gar nicht in Erwägung gezogen. Niemand glaubt, daß die Entwicklung rückgängig zu machen sei. Niemand glaubt an eine pharmadrogenfreie Gesellschaft. Das unterscheidet die Diskussion über Pharmadrogen von der Diskussion über die im Lauf des vergangenen Jahrhunderts illegalisierten Rauschdrogen Cannabis, *Heroin* und *Kokain*. Legt man die gesundheitspolitischen Kosten zugrunde, dann rangieren diese Stoffgruppen im unteren Teil der Statistik. Mit ihrer Illegalisierung haben sich die Signatarstaaten der UN-Drogenkonventionen ein zusätzliches politisches und ökonomisches Problem geschaffen, dessen Ausmaß und Destruktivität das Ausmaß des Gesundheitsproblems bei weitem übertrifft. Diese Fehlentwicklung gilt es zu korrigieren, solange die Machtverhältnisse Korrekturen überhaupt noch zulassen.

2

2.1 *In einer Welt, in der Drogen für alle Lebenslagen längst zum selbstverständlichen Bestandteil des Alltags geworden sind, fragt man sich verwundert, wie es möglich war, daß ausgerechnet Cannabis, die harmloseste aller psychoaktiven Substanzen, derart dämonisiert werden konnte.*

Es gehört zu den bedauerlichen Eigenarten der drogen-politischen Auseinandersetzung, daß es so etwas wie einen gesicherten Erkenntnisstand, auf dem die Diskussion aufbauen und sich weiterentwickeln könnte, nicht gibt. Zwar hat sich die »scientific community« auf Indikatoren wie Toxizität und Suchtpotential zur Festlegung der Gefahren von psychoaktiven Substanzen längst geeinigt, doch sowohl die Massenmedien, die sich des Themas bemächtigen, wie jene Politiker, die sich im Parteiauftrag an der Diskussion beteiligen, ignorieren beharrlich den Erkenntnisstand der internationalen Diskussion.

Nach Gründen für diese Resistenz gegenüber Fakten muß man nicht lange suchen. Der Stellenwert des Drogenproblems in der Hierarchie politischer Themen ist nach wie vor so gering, daß die Parteien, von Ausnahmen abgesehen, die meist bei den Grünen zu finden sind, nur zweit- oder drittrangige Politiker mit dem Thema betrauen. Von denen ist keiner fähig, die wahre – und das heißt: die globale – Dimension des sogenannten Drogenproblems auch nur zu erfassen. Das Interesse der meisten Parteienvertreter scheint einzig darin zu bestehen, das Angstpotential des Themas abzuschöpfen und im übrigen den Fortgang der Diskussion zu behindern. Ihre Argumente sind, gemessen am Stand der internationalen Diskussion, erbärmlich naiv und oft auch erschreckend primitiv. Jede Talkshow und jede Podiumsdiskussion zu diesem Thema liefert dafür deprimierende Beispiele.

Bis auf wenige Ausnahmen sind auch die Medien an einer nüchternen Darstellung des Problems auf der Grundlage wissenschaftlicher Erkenntnisse nicht interessiert. Im Wettstreit konkurrierender Informationen sind sie darauf angewiesen, alles, was sie veröffentlichen, als das Neueste vom Neuen zu verkaufen, mag es auch noch so ausgelutscht und abgelatscht sein.

Herausragende Merkmale der Berichterstattung über Drogen sind Sensationalismus und Alarmismus. Daran hat sich seit den 1960er Jahren kaum etwas verändert. In der Drogenberichterstattung der meisten Printmedien herrscht reine Willkür. Oft würde ein Blick ins Archiv der eigenen Veröffentlichungen genügen, um die gerade aktuelle Meldung beziehungsweise den gerade in Auftrag gegebenen Artikel in Frage zu stellen. Vor allem die Boulevardpresse und private Fernsehsender übernehmen bei der Themenvergabe die Rekrutierungskriterien der Politik. Drogen sind in der Regel ein Thema für Volontäre und Berufsanfänger.

In der Cannabisdiskussion sind all diese destruktiven Elemente, die ignorante Dummheit der Politik und die Sensationsgeilheit der Medien in Reinkultur vertreten.

Nachdem die Theorie von der Einstiegsdroge sich als unhaltbar erwiesen hat, wird nun die Diskussion über die Risiken des Cannabiskonsums neu entfacht. So setzte im März 2002 die im Verlauf einer Regierungsumbildung überraschend ins Amt gelangte neue Bundesdrogenbeauftragte ohne anderen erkennbaren Grund als den der Selbstprofilierung eine Risikodebatte über Cannabis in Gang – als wäre diese Debatte in ihrem Haus nicht längst geführt worden und als gäbe es nicht eine von ihrem

Ministerium in Auftrag gegebene Studie, in der die Risiken des Cannabiskonsums von Kleiber und Kovar[48] sorgfältig abgewogen wurden, mit dem Ergebnis, daß sie als tragbar anzusehen seien.

Nachdem die Grünen in ihrem Wahlkampf 2002 erneut mit dem Versprechen auftraten, Cannabis im Falle eines Wahlsieges zu legalisieren, trat die amtierende Drogenbeauftragte im Vorfeld der Koalitionsverhandlungen allen Tendenzen, das Wahlversprechen der Grünen in die Tat umzusetzen, energisch entgegen. Diesmal mit dem Argument: »Dauerkiffen prägt.« Wahrscheinlich hatte die Drogenbeauftragte den »Spiegel« gelesen, denn auch der hatte auf dem Höhepunkt der jährlichen Sommerflaute eine Risikodiskussion über Cannabis angezettelt – so künstlich wie die zuvor schon von der Drogenbeauftragten ausgelöste Debatte.

Keine Frage: Journalistisch lag das Thema in der Luft, denn die Zahl der Konsumentinnen und Konsumenten von Cannabis hat drastisch zugenommen. Nie zuvor, und das gilt europaweit, haben so viele Jugendliche Cannabis konsumiert wie heute. Und doch gibt es keinen neuen Erkenntnisstand, der die »Spiegel«-Geschichte rechtfertigen würde, eine Geschichte, die zeitlich und inhaltlich deckungsgleich auch im italienischen Wochenmagazin »L'Espresso« veröffentlicht wurde. Der Verdacht, daß da eine Medienkampagne losgetreten werden sollte, ist nicht ganz unbegründet. Mit einer gewissen Zeitverzögerung haben auch die Schweizer »Sonntagszeitung« und das Fernsehmagazin »10 vor 10« Cannabisalarm ausgelöst. In der Schweiz ist das Thema besonders brisant, denn hier ist für 2003 eine Revision der Gesetzgebung geplant, die das Cannabisverbot beenden würde, wenn die Vorschläge der Eidgenössischen Kommission für Drogenfragen vom Parlament akzeptiert werden.

»Neuen Forschungen zufolge«, so der »Spiegel«,[49] »drohen Gedächtnisausfall und langfristige Hirnschäden« beim Konsum von Cannabis. Es folgen Fallbeispiele von Neunjährigen, die am Joint hängen, und von Vierzehnjährigen, denen der Konsum von Haschisch und Marihuana jede Leistungsmotivation geraubt habe. Wo früher die Onanie als Ursache allen Übels herhalten mußte, wird heute Cannabis als Ursache aller Entwicklungsprobleme von Pubertierenden verantwortlich gemacht. Natürlich ist etwas gründlich schiefgelaufen, wenn bereits Neunjährige rauchen, kiffen, saufen oder Pillen werfen. Hier ist, wenn Elternhaus und Schule nichts mehr zu bewirken vermögen, als Ultima ratio die Kinder- und Jugendpsychiatrie gefragt. Es ist jedoch wissenschaftlich nicht legitim und journalistisch manipulativ, wenn aus psychiatrischen Fallbeispielen, deren statistische Relevanz, bezogen auf die Gesamtzahl aller Cannabiskonsumenten, kaum meßbar ist, verallgemeinernde Schlüsse auf alle Konsumentinnen und Konsumenten gezogen werden.

Um seiner Geschichte die richtige Stoßrichtung zu geben, bedient sich der »Spiegel« einer Desinformationstechnik, die sich im medialen Diskurs wachsender Beliebtheit erfreut: Das Blatt stellt bei bereits oberflächlicher Prüfung falsche und unhaltbare Behauptungen auf, an denen man sich dann abarbeitet. Dabei versucht der »Spiegel«-Artikel den Eindruck zu erwecken, die Befürworter eines liberalen Umgangs mit Cannabis würden die Risiken der Droge verharmlosen, indem sie die möglichen Nebenwirkungen und die sozialen Folgen des Cannabiskonsums ignorierten. Eine dummdreiste Unterstellung, denn jeder, der sich ernsthaft mit den pharmakologischen und sozialen Folgen des Konsums von Cannabis auseinandergesetzt hat, kennt selbstverständlich Fallbeispiele, wie sie der »Spiegel« ausbreitet.

Niemand, der in der Expertendiskussion ernst genommen wird, bestreitet, daß Cannabis eine Droge ist und daß »es folglich auch bei Cannabis ein zu viel, ein zu oft und ein zum falschen Zeitpunkt gibt«.[50] Auch wird nicht bestritten, daß es »bei dauerhaftem Konsum zu nachhaltigen Schäden« kommen kann. Daß der Konsum von Cannabis bei bestimmten psychiatrischen Krankheitsbildern negativ verstärkend oder auslösend wirken kann, wird ebensowenig bestritten. (Weniger öffentliche Aufmerksamkeit erregt dagegen die Tatsache, daß jenseits des Drogenproblems psychotische Erkrankungen bei Jugendlichen zunehmen.) All diese Erkenntnisse wurden und werden in die Risikoabwägung einbezogen, mit dem Ergebnis, daß sie vor dem Hintergrund eines massenhaften, unauffälligen und ohne Zwischenfälle verlaufenden Cannabiskonsums als tragbar einzuschätzen sind. Das war der wissenschaftliche Erkenntnisstand vor der »Spiegel«-Geschichte, das ist der wissenschaftliche Erkenntnisstand nach der »Spiegel«-Geschichte.

Näher als der »Spiegel« ist die im deutschsprachigen Raum führende Jugendzeitschrift »Bravo« an der Wirklichkeit ihrer Leserinnen und Leser. Während der »Spiegel« seiner Leserschaft eine Alarmgeschichte ohne Substanz vorsetzte, verteilte »Bravo« als Sommerpräsent 2002 unter der Überschrift »Voll legal« einen »echt krassen Anhänger mit dem szenetauglichen (Marihuana-) Kultblatt für den modischen Kick«.

In nicht allzu ferner Zukunft werden Sozialhistoriker in ihren Lehrveranstaltungen die Cannabisdiskussion des 20. Jahrhunderts als typisches Beispiel für eine geschürte Massenhysterie heranziehen. In einer Welt, in der Drogen für alle Lebenslagen längst zum selbstverständlichen Bestandteil des Alltags geworden sind, wird man sich verwundert fragen, wie es möglich war, daß ausgerechnet die harmloseste aller psychoaktiven Substanzen derart dämonisiert werden konnte. Das Erstaunen darüber wird so groß sein wie das Erstaunen heute über die Kaffee- und Teeverbote und deren repressive Durchsetzung zu Beginn des bürgerlichen Zeitalters.

Hanf ist eine seit Jahrtausenden von den Menschen genutzte Kulturpflanze, deren vielfältige Verwendungsmöglichkeiten allerdings in Vergessenheit geraten sind – auch weil sich im Verlauf der von den USA ausgehenden Cannabishysterie das gesamte öffentliche Interesse auf die Rauschsubstanz THC konzentrierte, während die anderen über vierhundert nachgewiesenen Inhaltsstoffe ignoriert werden.

In China wurde die Pflanze schon vor 6 000 Jahren zur Herstellung von Kleidung, Arzneimitteln, Öl und Nahrungsmitteln verwendet. Von Zentralasien aus verbreitete sich Cannabis in allen Kulturen des Nahen Ostens bis nach Europa und Afrika. Um 1200 n. Chr. entdeckte man auch in Europa, was man in China bereits im 1. Jahrhundert v. Chr. wußte: Die Hanffaser eignet sich bestens zur Herstellung von Papier. Ende des 19. Jahrhunderts wurde weltweit fünfundsiebzig Prozent des Papiers aus Hanffasern hergestellt.[51]

Im Verlauf der rasanten Industrialisierung und mit der Entwicklung der Petrochemie verlor Hanf als Faserlieferant, Brennstoff und Schmiermittel an Bedeutung. Hanf ist nur eine von vielen Pflanzen, die im Verlauf dieses Prozesses entweder durch andere, profitablere Agrarprodukte – wie Baumwolle – oder durch synthetische Stoffe ersetzt wurden, die Naturprodukten konkurrenzlos überlegen waren, weil ihnen die Aura des Neuen und Fortschrittlichen anhaftete. Von diesem Fortschrittsimage profitieren bis heute vor allem die synthetischen Produkte der Pharmaindustrie.

Erst mit dem ausgehenden 20. Jahrhundert, als das öffentliche Bewußtsein von der Knappheit aller Ressourcen wuchs, kam es zu einer Neubewertung und Rehabilitierung von Hanf. Denn die pflegeleichte, genügsame Pflanze hat als erneuerbarer Rohstoff eine ausgezeichnete Ökobilanz vorzuweisen. In den USA, später dann auch in Europa, formierte sich eine Hanflobby, die das Image der wegen ihrer Rauschwirkung zur »Mörderdroge« dämonisierten Pflanze zu korrigieren versucht, indem sie die Öffentlichkeit auf deren vielfältige Nutzungsmöglichkeiten aufmerksam macht. Die Botschaft ist angekommen, Hanf erlebt eine Renaissance nicht nur als Rauschmittel, sondern auch als industrieller Rohstoff.

In vielen Ländern, die den wiederentdeckten pflanzlichen Rohstoff nutzen wollten, mußte jedoch erst einmal die Gesetzgebung revidiert werden, um die Aussaat von THC-armem Industriehanf zur Öl- und Fasergewinnung überhaupt möglich zu machen. Mittlerweile ist auch in Deutschland die Produktion von Industriehanf unter bestimmten Bedingungen mit Erlaubnis des Bundesgesundheitsamtes (BGA) möglich. Grundsätzlich ist jeder Anbau meldepflichtig. Das schreiben die Richtlinien der Europäischen Union vor. Als EU-konforme Hanfsorten gelten nur solche Pflanzen, deren THC-Gehalt 0,3 Prozent nicht übersteigt.

In ihrem Cannabisbericht hat die Eidgenössische Kommission für Drogenfragen (EKDF) das Dilemma der Hanfnutzung deutlich benannt: »Hanf ist eine ›Dual-use-Pflanze‹ geworden, das heißt, sie kann sowohl als verbotenes Betäubungsmittel (Marihuana, Haschisch) konsumiert werden als auch legal in der Landwirtschaft als nachwachsender Rohstoff für die Textil-, Öl-, Papier-, Seil-, Bauindustrie, für die Herstellung von Lebensmitteln und Gebrauchsgegenständen sowie für Heilmittel verwendet werden. Die Unterscheidung zwischen legalem und illegalem Gebrauch stellt die Kontrolle beim Hanfanbau und beim Verkauf der verschiedenen Produkte vor große Probleme.«[52] Das gilt im übrigen für alle gängigen Drogen. Sie alle sind *Dual use*-Substanzen, legales Heilmittel und illegales Rauschmittel zugleich.

Wann die Stigmatisierung von Cannabis als psychoaktive Substanz begonnen hat, läßt sich nicht auf Jahr und Tag bestimmen. Zwar wurden 1912 auf der Haager Konferenz, die den Beginn und die Grundlage für die Drogenprohibition im 20. Jahrhundert markierte,[53] zunächst nur Opiate und *Kokain* thematisiert und schließlich geächtet, doch auch von Cannabis war vorübergehend die Rede, wenn auch nur aufgrund eines Mißverständnisses. Irgendwer forderte zur Überraschung der Konferenzteilnehmer, Cannabis weltweit zu verbieten. Als alle staunten, weil diese Forderung nicht auf der Agenda stand, erklärte der Abgeordnete Italiens, von dem die Verbotsinitiative ausging, er habe Haschisch mit Opium verwechselt. Er zog seinen Antrag zurück, entschuldigte sich, und die Hanfwelt war wieder in Ordnung. Doch schon auf der Folgekonferenz, die 1925 in Genf stattfand, wurden weltweite Kontrollmaßnahmen für Cannabis beschlossen. Auf beiden Konferenzen führten die Vertreter der USA das Lager der Repressions- und Prohibitionsbefürworter an.

Die Motive für die restriktive und repressive Cannabispolitik der USA sind so vielfältig wie die Inhaltsstoffe der Pflanze. Massive ökonomische Interessen, ein religiös motivierter, zum Fanatismus neigender Puritanismus, offener und verdeckter Rassismus, eine faschistoide »Law and order«-Mentalität mischten sich zu einem Motivkonglomerat, das der 1930 zum Leiter des

Günter Amendt

»Federal Bureau of Narcotics« ernannte Harry J. Anslinger idealtypisch verkörperte. Anslinger wurde zum selbsternannten Anführer und Chefpropagandisten der Anti-Marihuana-Lobby, die nach dem Zweiten Weltkrieg ihre Aktivitäten auch auf Europa ausdehnte. Im Rückblick wirkt Anslingers Kreuzzug gegen Marihuana in den 1920er und 30er Jahren wie ein Vorlauf von McCarthys Kreuzzug gegen den Kommunismus in den 50er Jahren: eine schmutzige Kampagne von Staatsorganen, durchgeführt mit Unterstützung eines Presseimperiums, das aus sehr eigennützigen Interessen in die Kampagne eingestiegen war.

Die Gewohnheit, *hemp* beziehungsweise *cannabis* zu rauchen, war zu jener Zeit in den USA eine besonders in den Unterschichten über alle ethnischen Gruppen hinweg weitverbreitete, unauffällige und erschwingliche Gewohnheit. Um gleich deutlich zu zeigen, welche Bevölkerungsgruppe man bei der Verfolgung des Cannabiskonsums im Visier hatte, gab das »Federal Bureau of Narcotics« eine Sprachregelung aus, die den englischen Sprachgebrauch durch den spanischen ersetzte. So gelang es, der englischsprechenden Bevölkerung des Nordens zu suggerieren, es handele sich bei *marijuana* um eine völlig neue und zudem gefährliche Droge. Alle sechzehn Bundesstaaten, in denen bereits in den 1920er Jahren die ersten Gesetze gegen die Droge verabschiedet worden waren, lagen im Süden der USA, da, wo Mexikaner, Puertorikaner, die »Latinos« insgesamt lebten und wo die hispanische Bevölkerung *hemp* »marijuana« nennt. Als besonders anfällig für das grüne Kraut galt die afro-amerikanische Bevölkerung der USA. Anslinger nahm auch sie ins Visier. Er knöpfte sich die wenigen Schwarzen vor, die etwas zählten. Schon bald kursierten Listen von Blues-Sängerinnen und -Sängern, die des Marihuanakonsums verdächtigt wurden. In den Verfolgungsphantasien von Anslingers Meute wurden Jazz und Marihuana zum Synonym.

Die von Anslinger propagandistisch angeleitete und in der Hearst-Presse im Boulevardstil verbreitete Hetzkampagne nahm groteske Züge an. Wissenschaftliche Erkenntnisse wurden von Anslinger und dessen Agentur systematisch ignoriert, Forschungen wurden behindert beziehungsweise nur dann gefördert, wenn sie genehme Ergebnisse garantierten. Vom US-Kongreß als Experte geladen, bezeichnete Anslinger Marihuana als »die gewalterzeugendste Droge in der Geschichte der Menschheit«. Er ließ sein Büro einen Aufklärungsfilm produzieren, der den Ruf von Marihuana als satanische Mörderdroge festigen sollte. Der Plot von *Reefer Madness*, so der Titel des berüchtigten Propagandawerks: Junger »Middle class everybody's darling«-Amerikaner raucht einen Joint und wird zur rasenden Bestie.

Ihre Durchschlagskraft verdankte Anslingers Kampagne dem Zeitungsmogul Randolph Hearst. Hearst jedoch war weniger an der Rauschwirkung als am Profitpotential der Pflanze interessiert. Als nämlich das US-Landwirtschaftsministerium vorrechnete, daß dank moderner Fasergewinnungstechniken aus einem Hektar Hanf dieselbe Papiermenge hergestellt werden könne wie aus vier Hektar Wald, waren Hearsts Interessen als Eigentümer profitabler Papierfabriken und Besitzer riesiger Waldbestände unmittelbar berührt und bedroht. Er hatte also gute Gründe, einen Beitrag zur Stigmatisierung der Pflanze zu leisten.

Nach Kriegsende machte die damalige US-Regierung Anslinger zum Vorsitzenden der UN-Drogenkommission, die von da an bis heute im Geiste Anslingers agierte.

Als Haschisch und Marihuana in den frühen 1960er Jahren von Soldaten der US-Armee nach Europa gebracht und dort in der Protestkultur der Jugend schnell populär wurden, griffen die Regierungen in ihrem panischen Versuch, eine Abwehrstrategie zu entwickeln, auf Anslingers Lügenpropaganda zurück. Auch die Medien ließen sich, von wenigen Ausnahmen abgesehen – hier wären Rudolf Walter Leonhard[54] und »Die Zeit« einer besonderen Erwähnung wert –, in eine moraltriefende Kampagne gegen die neue Droge einspannen. Im Detail an die jeweiligen nationalen Besonderheiten und Traditionen angepaßt, folgten die Regierungen der westeuropäischen Verbraucherländer dem Argumentations- und Handlungsmuster Anslingers, und das heißt: Die Pflanze wurde dämonisiert, ihre Nutzer diskriminiert und kriminalisiert.

Doch so einfach sind moralische Standards und strafrechtliche Normen nicht von einer Kultur in eine andere zu übertragen. Die von den meisten europäischen Regierungen betriebene Horrorpropaganda traf auf das hellwache Publikum der 60er und 70er Jahre und damit auf eine kritische Generation, die im Begriff war, die gesellschaftlichen Verhältnisse grundsätzlich in Frage zu stellen. Trotz massiver strafrechtlicher Drohungen und gesellschaftlicher Diskriminierung eroberte Cannabis innerhalb kürzester Zeit die damals dominante Jugendkultur. Mit Verblödungspropaganda im Stile Anslingers war dieser Generation von Hanffreunden nicht beizukommen. Sie taten, was sie taten, ohne Unrechtsbewußtsein. Auch bestätigten weder der *Indische Hanfdrogenreport* von 1893 noch die 1944 veröffentlichte und nach dem New Yorker Bürgermeister LaGuardia benannte Cannabisstudie, noch der 1968 von der britischen Regierung veröffentlichte *Cannabis-Report* die von Anslinger und dessen Amtsnachfolgern behauptete Gefährlichkeit der Droge. Völlig unbeeindruckt von der öffentlichen Diskussion und der von den Regierungen ihrer Länder verbreiteten Lügenpropaganda, experimentierten immer mehr Jugendliche mit nordafrikanischem und zentralasiatischem Haschisch beziehungsweise lateinamerikanischem und südostasiatischem Marihuana. Die aus den USA exportierte Anti-Marihuana-Propaganda erwies sich als ein gigantischer PR-Flop.

Mit dem Cannabisverbot wurde nicht nur ein beliebtes Genußmittel, sondern auch ein potentielles Heilmittel vom Markt genommen. Wahrscheinlich wurde das medizinische Potential der Pflanze in China entdeckt. Jedenfalls wird sie in einem alten, vor 5 000 Jahren verfaßten Lehrbuch über Botanik und Heilkunst bereits erwähnt, sie fand Eingang in die Kräuterbücher des Mittelalters und wurde ab dem ersten Kreuzzug Bestandteil der Volksmedizin. Auch in vielen Klostermedizinen wußte man von der heilsamen Wirkung von Hanf beziehungsweise Cannabis. Die Droge war, bis sie im Jahr 1898 von *Aspirin* konkurrenziert und schließlich als Heilmittel durch eine breite Palette von neuen, synthetischen Arzneimitteln abgelöst wurde, das in den USA am häufigsten benutzte Schmerzmittel. Noch in der zweiten Hälfte des 19. Jahrhunderts machten Cannabispräparate die Hälfte aller in den USA verkauften Medikamente aus.

Auch im hessischen Darmstadt gab es einen Apotheker, der von den heilsamen Kräften der Pflanze wußte. Mitte des 19. Jahrhunderts brachte er seine ersten Cannabispräparate auf den Markt. Mit seinen Spezialtinkturen auf der Basis von Cannabis legte der Apotheker Emanuel Merck den Grundstein für eines der größten Pharmaunternehmen der Welt. In den späten 1970er Jahren geriet das Unternehmen als Lieferant von Chemikalien, die bei der illegalen Herstellung von *Heroin* benötigt werden, in die Schlagzeilen der internationalen Medien. Aber das ist ein anderes Thema.

Zögernd und mit erkennbarem Widerwillen mußte die pharmafixierte Schulmedizin in den vergangenen zwei Jahrzehnten die nachweislich heilsame Wirkung von Cannabis eingestehen. Die positiven Erfahrungen vieler Patientinnen und Patienten konnten auf Dauer nicht ignoriert werden. Ausdrücklich hält der 1999 von der Eidgenössischen Kommission für Drogenfragen vorgelegte Cannabisbericht fest, daß Hanf derzeit nicht nur »eine Renaissance bezüglich seiner Qualität als nachwachsender Rohstoff« erlebt, sondern auch in der Medizin wieder stärker beachtet werde: »Cannabis wird erneut als Arzneimittel benutzt und kann Erfolge verbuchen.«[55]

In mehreren europäischen Staaten wird die Zulassung von Cannabis als Medikament vorbereitet. Sogar in einigen Bundesstaaten der USA ist es gelungen, per Volksabstimmung die medikalisierte Abgabe von Cannabis durchzusetzen – oft allerdings nur in Form von *Marinol*, der synthetischen, in den Labors der Pharmaindustrie gewonnenen Variante der pflanzlichen Wirkstoffe, die in Deutschland unter dem Namen *Dronabinol* vermarktet wird. Abgesehen vom Preis, der beim 30- bis 50fachen des pflanzlichen Stoffes liegt, verlangen viele Patientinnen und Patienten nach *real stuff*, weil sie aus Überzeugung synthetische Produkte ablehnen. Obwohl Umfragen belegen, daß eine deutliche Mehrheit der US-amerikanischen Bevölkerung die medizinische Abgabe von Cannabis in jedweder Form befürwortet, und obwohl in Volksabstimmungen in acht Staaten für die medizinische Abgabe gestimmt wurde, beharrt die Regierung in Washington auf der Anwendung des Bundesgesetzes, das die Abgabe verbietet.

Es sind andere als gesundheitspolitische Gründe, Aids-Kranken, Schmerz- und Tumorpatienten Cannabis in Form von Haschisch oder Marihuana zu verweigern: Die Regierung fürchtet einen Dammbruch, und das nicht einmal zu Unrecht, denn bereits die Unterscheidung von Hanf als legalem Industrierohstoff und Hanf als illegalem Genußmittel ist in der praktischen Umsetzung nur schwer zu vollziehen. Vollends unübersichtlich wird die Lage am Hanfmarkt, wenn nun auch noch zwischen Hanf als illegalem Genußmittel und Hanf als legalem Heilmittel unterschieden werden soll. Auf der Erscheinungsebene handelt es sich in allen Fällen um ein und dieselbe Pflanze, die jederzeit und überall bei entsprechender Pflege *indoors* wie *outdoors* angebaut und gezüchtet werden kann. Darüber hinaus stellt sich zwangsläufig die Frage, wieviel Schmerz eigentlich sein muß, um zu den Bezugsberechtigten zu gehören? Erfahrene Cannabiskonsumenten wissen, daß die Pflanze mehr ist als nur eine Partydroge. *»Stress is a killer«*, klagt der US-amerikanische Folksänger Willy Nelson in einem seiner Lieder. Die Gesundheitsstatistik gibt ihm recht. *Cannabis is a stress killer.* Auch das ist richtig, läßt sich statistisch aber nur schwer belegen, denn hier handelt es sich nur um Erfahrungswissen. Immerhin nannten auf die Frage nach dem Gebrauchswert von Cannabis rund sechzig Prozent der von der Schweizerischen Fachstelle für Alkohol- und andere Drogenprobleme (SFA) befragten Personen im Alter von 15 bis 60 Jahre Cannabis »ein Mittel gegen den Alltagsstreß«.[56]

»Die Bedeutung, die dem Cannabiskonsum beigemessen wird, die Wahrnehmung von Cannabis als Suchtmittel wie auch die sozialen Vorstellungen, denen es unterliegt«, habe sich, so die Schweizer Kommission für Drogenfragen in ihrem Bericht, »erheblich verändert.« Deshalb beeinträchtigten »ein unverändertes Weiterbestehen der Repression im Cannabisbereich und die Tatsache, daß ein nicht verwerflich empfundenes Verhalten verfolgt wird, zunehmend die Glaubwürdigkeit von Gesetz und Justiz«.[57] Wenn auch die in den Niederlanden übliche und von immer mehr EU-Staaten übernommene Praxis, bei Cannabisdelikten das Opportunitätsprinzip anzuwenden und auf Strafverfolgung zu verzichten, ohne gleichzeitig die Gesetzgebung der Rechtspraxis anzupassen, den einzelnen Konsumenten vor strafrechtlichen Konsequenzen schützen mag, so wenig trägt diese Praxis zur Herausbildung eines Rechtsbewußtseins bei Heranwachsenden bei. Die können nicht nachvollziehen, daß der Konsum von Cannabis geduldet sein soll, der Besitz einer bestimmten Menge eine Ordnungswidrigkeit, Vertrieb und Anbau aber ein Straftatbestand sein sollen. Auch die unterschiedliche Behandlung von Cannabiskonsumenten in den verschiedenen Bundesländern verletzt das Rechtsempfinden nicht nur von Heranwachsenden. In der oft willkürlichen Anwendung der Betäubungsmittelgesetzgebung sind alle Elemente einer Klassenjustiz deutlich zu erkennen.

Als ein Aktenvermerk bekannt wurde, in dem der 2001 an die Macht gekommene Hamburger Innensenator die Leitlinien seiner Drogenpolitik skizzierte, wurde das in der Öffentlichkeit zu einem Skandal aufgebauscht: Die Drogenfahndung solle, hieß es in dem Vermerk, sich bei der Verfolgung von Drogendelikten auf die Straßenszene und die dort gedealten Drogen konzentrieren, die sogenannte Schickimicki-Szene könne man unberücksichtigt lassen. Das löste eine erregte öffentliche Diskussion und scharfe Kommentare in den Medien aus. Wieso eigentlich? Die Aktennotiz gibt nur wieder, was ohnehin gängige Praxis ist. In Städten wie Hamburg, Frankfurt, München, Köln, Berlin, London, Madrid, Barcelona oder Paris hat sich das System des Hausdealers bestens bewährt. Nur selten geraten Kunden aus »besseren Kreisen« ins Visier der Drogenfahnder. Fliegt dennoch einer auf, dann hängt das zu erwartende Strafmaß eng mit dem zu versteuernden Einkommen zusammen – und zwar umgekehrt proportional. Zwei Strafverfahren wegen des Besitzes von *Kokain* beziehungsweise von Haschisch, die in der ersten Hälfte des Jahres 2002 verhandelt wurden, bestätigen diesen Erfahrungssatz. Beide Verfahren – das gegen den Sohn des Medienhändlers Leo Kirch und das gegen den Fußballtrainer Christoph Daum – endeten mit verhältnismäßig milden Urteilen. Wer die Kriminalisierung von Drogenkonsumenten für politisch falsch und rechtlich bedenklich hält, muß diese Urteile begrüßen. Sie sind richtig, aber sie sind nicht gerecht. Denn es ließe sich leicht nachweisen, daß in vergleichbaren Fällen unbekannter und weniger finanzkräftiger Personen sehr viel härtere Urteile gesprochen wurden.

Noch deutlicher wird die gesellschaftliche Funktion dieser Art von Klassenjustiz in den USA, wo es Gefängnisse gibt, in denen sechzig Prozent aller Häftlinge wegen Drogendelikten einsitzen – die überwiegende Mehrheit als Konsumenten und nicht als Dealer. Im April 2003 hat die Häftlingszahl in den USA erstmals die Zwei-Millionen-Grenze überschritten. Wegen Drogenvergehens sind fünfundzwanzig Prozent der Insassen inhaftiert. Differenziert man die Drogenstatistik der USA nach ethnischer Zugehörigkeit, wird eine andere Schwachstelle des US-amerikanischen Rechtssystems deutlich: Obwohl fünfmal mehr Weiße als Schwarze in den USA Drogen konsumieren, sind 75 Prozent der verurteilten Drogentäter »Latinos« und Afro-Amerikaner. »Die Drogenkrieger wissen genau, auf wen sie es abgesehen haben: Afro-Amerikaner, Latinos, asiatische ›Gangs‹ und zunehmend auch arme Weiße«,[58] kommentiert ein Vertreter der ACLU (*American Civil Liberty Union*), einer der größten US-amerikanischen Bürger-

Günter Amendt

rechtsorganisationen, diese im Kern rassistische Strategie zur Lösung sozialer Probleme.

Auf der Suche nach einer in sich stimmigen Rechtspraxis ist die Schweizer Regierung bereit, Konsum, Anbau und Vertrieb von Haschisch und Marihuana unter Berücksichtigung des Jugendschutzes und anderer Auflagen zu legalisieren. Begründung: »Jugendliche sollen nicht mehr wegen Bagatelldelikten kriminalisiert sowie Polizei und Justiz entlastet werden.«[59] Die Entlastung des Justiz- und des Strafvollzugssystems ist ein nicht zu unterschätzendes Argument der Legalisierungsbefürworter, denn in vielen europäischen Staaten droht das Justizsystem wegen der Verfolgung von Drogendelikten zusammenzubrechen. Nicht anders ist die Lage im Strafvollzugssystem, wo längst US-amerikanische Verhältnisse herrschen und oft fünfzig Prozent und mehr der Gefängnisinsassen wegen Drogendelikten festgehalten werden oder sonstwie unter Justizaufsicht stehen.

Die politische Klasse der Schweiz sieht Handlungsbedarf nicht nur aus Gründen der Rechtserziehung. Der Anbau von Cannabis ist zu einem Faktor der schweizerischen Agrarwirtschaft geworden – wie seinerzeit in den USA, als sich Cannabis in den 1980er Jahren in einigen Agrarstaaten zum wichtigsten Produkt entwickelte. Cannabis und neuerdings auch Haschisch aus der Schweiz genießen europaweit die Reputation eines Hochqualitätsprodukts. Entsprechend hoch ist der Preis.

Die Schweiz hat eine weit zurückreichende Hanftradition, die Cannabispflanze passe gut in »unsere Breitengrade«, stellen die Autoren des Kommissionsberichtes lakonisch fest: »Sie gilt als bodenschonend, kann in der Regel ohne chemischen Pflanzenschutz angebaut werden und ist somit geradezu für die Integrierte Pro-

duktion (IP) und den Bioanbau prädestiniert.«[60] Der
Umsatz der gesamten Branche liege, so das Bundesamt
für Polizei, bei einer Milliarde Franken. Ein Tessiner
Staatsanwalt glaubt dagegen, »daß allein mit Cannabis
aus dem Tessin eineinhalb Milliarden Franken umgesetzt
werden«.[61] In den Grenzkantonen Basel und Tessin seien
die Umsätze so hoch und die Profite so außergewöhnlich,
daß sich das organisierte Verbrechen für das Cannabis-
geschäft zu interessieren beginne. Höchste Zeit also,
regulierend einzugreifen.

Im revidierten Betäubungsmittelgesetz der Schweiz
sollen nun nicht nur Besitz und Konsum, sondern bis zu
einem gewissen Grad auch der Anbau von Cannabis
straffrei gestellt werden. Das klingt nach Legalisierung,
läuft jedoch bei genauer Betrachtung lediglich auf eine
erweiterte Anwendung des Opportunitätsprinzips hinaus. Noch ist das Gesetzgebungsverfahren nicht abgeschlossen. Garantiert straffrei dürfte zukünftig nur der
Anbau von Cannabis für den Eigengebrauch sein, während der kommerzielle Anbau zur Versorgung von
regionalen Hanfläden unter staatlicher Aufsicht kontin-
gentiert und lizenziert werden wird. Das Gesamtanbau-
volumen hat sich dabei ausschließlich an der vermuteten
Binnennachfrage der Schweiz zu orientieren. So sollen
die Grenzregionen vor Drogentouristen und die Märkte
der Nachbarstaaten vor Cannabisexporten geschützt
werden. Eine EU-weite Angleichung der Gesetzgebung
an das Schweizer Modell innerhalb der Grenzen des
Schengener Abkommens wäre sowohl rechtspolitisch
wie unter dem Gesichtspunkt der Praktikabilität anzu-
streben.

Bis dahin ist der Weg weit. Vergleicht man den Stand
der Diskussion etwa in Schweden und in Frankreich mit
dem in den Niederlanden oder der Schweiz, in Deutschland oder Italien, dann zeigt sich schnell, wie gering die

Günter Amendt

Chancen heute sind, sich auf eine einheitliche europäische Linie gegenüber den USA und den Vereinten Nationen zu einigen. Hüben wie drüben ist die Diskussion ideologisch aufgeladen und bis zum Fanatismus emotionalisiert.

2.2 Das »Netzwerk des Terrors« finanziert sich aus dem internationalen Opiumhandel – nicht nur, aber auch.

Nach den Ereignissen des 11. September 2001 ging alles sehr schnell. Schon am Tag nach den Anschlägen standen die Schuldigen fest. Selbst auf die Frage, wer überhaupt die Macht und die finanziellen Mittel besitze, eine technisch und logistisch so aufwendige Operation durchzuführen, hatte die US-Regierung eine schlüssige Antwort parat: Das »Netzwerk des Terrors« finanziere sich aus Mitteln des internationalen Drogenhandels – nicht nur, aber auch. Für einen Augenblick schien es, als hätten die Anschläge in New York und Washington ein Fenster geöffnet und den Blick freigegeben auf die politisch-ökonomische Seite des Drogenproblems, die im öffentlichen Diskurs kaum thematisiert wird. Daß es einen direkten und organisierten Zusammenhang von illegalem Drogenhandel und illegalem Waffenhandel gibt, daß Bürgerkriegsparteien, Guerillagruppen und Milizen sich mit Waffen versorgen, die sie mit Drogen-Dollars, Drogen-Franken oder Drogen-Euros bezahlen, daß mit Drogengeldern ganze Armeen ausgerüstet werden, daß der internationale Drogenhandel, der knapp acht Prozent des Welthandelsvolumens ausmacht, gesellschaftliche Systeme zerrüttet und ökonomische Strukturen zerstört, ist allgemein bekannt. Es ist nachzulesen in zahllosen Veröffentlichungen und Dokumentationen unabhängiger Autoren und Institutionen. Sogar der Suchtstoffkontrollrat der Vereinten Nationen beschwört in jedem seiner Jahresberichte die sozialen, ökonomischen, kulturellen und politischen Gefahren, die vom internationalen Drogenhandel ausgehen: »Gelder aus Drogen- oder Menschenhandel finanzieren Terrorismus und Bürgerkriege und können – wie etwa in Afghanistan – ganze Regionen destabilisieren«,[62] warnte Pino Arlacchi, Direktor des Wiener UN-Büros für Verbrechensbekämpfung und Drogenkontrolle, schon lange vor den Einschlägen des 11. September 2001.

Doch all das wird hingenommen, als wäre es unbeeinflußbar und unveränderbar. Nun aber war es die Regierung der USA selbst, die das Thema auf die Tagesordnung setzte. Angesichts des Scheiterns der bisherigen Drogenpolitik konnte das nur bedeuten, daß die extrem unter Handlungsdruck stehende US-amerikanische Regierung bereit war, eine neue Drogenpolitik zu formulieren, die logischerweise da ansetzte, wo die bisherige Politik versagte – bei den prohibitionsbedingten Profiten des internationalen Drogenhandels. Denn das ist das einzige Mittel der Politik, um auf das Marktgeschehen Einfluß zu nehmen und den Handel mit illegalen Drogen zum Erliegen zu bringen.

So schnell, wie das Thema in der Hektik der ersten Tage nach den Anschlägen auf die Tagesordnung gesetzt worden war, so schnell verschwand es auch wieder. Die US-amerikanischen Machteliten entschieden sich für eine militärische Lösung und stilisierten ihren Anti-Terror-Krieg zum Kampf des Guten gegen das Böse. Das Drogenthema hätte sich als zu heikel im Propagandakrieg erweisen können, schließlich war die US-Regierung gerade bemüht, eine »Allianz gegen den Terror« zu schmieden. Eine allzu intensive Diskussion der amerikanischen Drogenpolitik in Afghanistan trüge nicht gerade zur Vertrauensbildung bei. Charakteristisch für diese Politik ist ihre Doppelzüngigkeit, die unverhohlen eingestanden wird. Jawohl, verlautete schon vor Jahren aus Washington, wir verfolgen mit unserer Drogenpolitik oft auch ein »second target«, ein zweites Ziel, das mit den Zielen des »war on drugs« nicht unbedingt vereinbar sein muß. In den Jahren der sowjetischen Invasion Afghanistans kam es deswegen vor einem Ausschuß des US-Kongresses zu heftigen Auseinandersetzungen zwischen der Drogenbehörde DEA und dem Geheimdienst CIA. Die einen waren auftragsgemäß daran interessiert, Mohnpflanzen auszureißen, Labors zu zerstören und den *Heroin*-Handel zu unterbinden, die anderen waren damit beauftragt, die »Mudjaheddin« mit Waffen auszustatten, »Freiheitskämpfer« wie Osama Bin Laden aufzubauen und den afghanischen Widerstand gegen die sowjetische Armee zu organisieren. Daß sich dieser Widerstand aus den Erlösen des Drogenhandels finanzierte, war allgemein bekannt und wurde billigend in Kauf genommen.

Nachdem die Rote Armee vertrieben worden war, versank Afghanistan im Chaos der Machtkämpfe von Clans und Stammesgruppen, bis sich schließlich die Taliban mit Hilfe der USA als Machthaber im Zentrum des Landes etablierte. Die von westlichen Geheimdiensten mit Dollarbeträgen in Milliardenhöhe alimentierten Glaubenskrieger errichteten umgehend eine Klerikaldiktatur, die, ohne zu zögern, den Mohnanbau und die *Heroin*produktion unter Kontrolle nahm. Mitte der 1990er Jahre kontrollierten die Taliban fünfundsiebzig Prozent der Mohnanbaufläche Afghanistans. Im Stammesgebiet der Paschtunen, aus denen die Taliban sich rekrutieren, gibt es eine Tradition des Mohnanbaus und des Handels mit Drogen. Herstellung und Handel von hochwertigem Haschisch – *charas* – reichen Jahrhunderte zurück. Die Jugend- und Protestbewegung in den

Günter Amendt

USA und in Westeuropa löste in den 60er Jahren einen Nachfrageboom nach dem »Schwarzer Afghan« genannten Stoff aus.

Auch die Herstellung von Rohopium und *Heroin* hat eine wenn auch nicht ganz so lange Tradition. In dem für die jeweilige Zentralmacht unzugänglichen Grenzgebiet zwischen Pakistan und Afghanistan werden Hunderte von Labors betrieben. Die Region gehört auf beiden Seiten der Grenze zum Stammesgebiet der Paschtunen. Religiöse Bedenken gegen dieses Treiben gab es nicht. Zunächst jedenfalls nicht. Für Mohammad Omar, eine Art Oberpriester und Chefideologe der Taliban, war die kriegswichtige Produktion von Rauschdrogen eine »angemessene Antwort auf die westlichen Länder der Ungläubigen, die ohne Skrupel Massenvernichtungswaffen produzieren«.[63] In seinem religiösen Eifer übersah Omar, daß entlang der Handelsrouten Hunderttausende seiner Glaubensbrüder von dem Stoff, den das Talibanregime zur Finanzierung seiner Waffenkäufe auf den Weltmarkt pumpte, abhängig wurden. In Pakistan soll es 1,8 Millionen *Heroin*konsumenten geben, davon 600 000 Süchtige. An der Westgrenze Afghanistans, in der Islamischen Republik Iran, ist die Lage ähnlich dramatisch.

Auf dem Weg aus den Labors zu den Hartwährungsmärkten in Europa und den USA, wo sich der Wert der Ware vervielfacht, bleibt ein erheblicher Teil des Stoffes nicht nur im Herstellungsland selbst, sondern auch in den Transitländern hängen. Auch das ist eine Gesetzmäßigkeit des globalen Drogenhandels. Die sowieso maroden Gesundheitssysteme der meisten Transitländer sind unfähig, das anwachsende Suchtproblem und dessen Begleiterscheinungen zu bewältigen. In einer von der John-Hopkins-Universität durchgeführten Studie wird Burma, das neben Afghanistan wichtigste Produzentenland für *Heroin*, als weltgrößter Exporteur des Aids-Virus klassifiziert. Die Studie zeichnet den Weg des HI-Virus nach und kommt zu dem Ergebnis, daß er parallel zu den Routen des Opium- und *Heroin*handels verläuft. Das sogenannte Burma-Virus – der E-Typus des HI-Virus – folgt den Schmuggelrouten von der chinesischen Provinz Yunnan über Burma, Laos und Kambodscha bis nach Vietnam. Auch auf der neueröffneten Nordroute über Kasachstan und Rußland taucht das spezifische Virus auf. Unsaubere Spritzen und ungeschützter Geschlechtsverkehr sind verantwortlich für die Übertragung.

Besonders da, wo der Stoff hergestellt wird, erlebt die jeweilige Region einen – meist nur kurzzeitigen – wirtschaftlichen Boom. Die Situation ähnelt derjenigen in den Goldgräberstädten des amerikanischen Westens im 19. Jahrhundert. Wo *gold nuggets* waren oder *cash* im Umlauf war, waren auch Frauen und Männer, die, indem sie ihren Körper verkauften, am Boom teilhaben wollten. Damals, in Zeiten des Goldrausches, war Syphilis die Begleiterscheinung des Booms, heute, in Zeiten der Rauschdrogen, ist es das Aids-Virus. In Afrika, wo sich das HI-Virus mit rasender Geschwindigkeit verbreitet, seien, so ein Bericht der britischen »Royal Society of Medicine«, unsaubere Spritzen Hauptursache für die Verbreitung des Virus.[64]

Unter der Herrschaft der Taliban entwickelte sich Afghanistan innerhalb weniger Jahre zum weltweit führenden Opium- und *Heroin*produzenten. Die Ernte von 1999 wurde von UN-Experten auf 4 600 Tonnen veranschlagt. Eine Rekordernte. Alarmiert von der bevorstehenden *Heroin*schwemme, suchte eine im März 2000 in Wien abgehaltene UN-Konferenz nach Strategien, der Bedrohung zu begegnen. Welche Druckmittel schließlich eingesetzt wurden, um die Talibanführung gefügig zu machen, ist nicht bekannt. Bernd Georg Thamm vermutet in seiner in der Zeitschrift »Suchtreport« veröffentlichten Analyse einen Deal zwischen UN-Vertretern und der Talibanführung. Mohammad Omar habe die Einstellung des Mohnanbaus im Tausch gegen die völkerrechtliche Anerkennung des Talibanregimes angeboten. Jedenfalls wurde, für alle Beobachter überraschend, mit der Begründung, die Verarbeitung von Mohn sei »un-islamisch«, ein Anbauverbot erlassen und rigoros durchgesetzt. Pflanzen wurden ausgerissen, Felder abgebrannt, das Saatgut vernichtet. Wegen seiner mit der Kalaschnikow durchgesetzen Ausrottungspolitik wurde das Talibanregime von den UN ausdrücklich gelobt. Im Bericht des Suchtstoffkontrollrates von 2001 heißt es: »In Afghanistan wurde der von den Taliban im Juli 2000 verhängte Bann über die Schlafmohnkultivierung erfolgreich umgesetzt.«[65]

Wenn also der britische Premierminister Tony Blair nach dem 11. September 2001 auf dem Höhepunkt der allgemeinen Mobilmachung gegen die Taliban behauptet, achtzig Prozent allen *Heroin*s auf dem europäischen Markt stammten aus den Labors der paschtunischen Gotteskrieger, dann ist das eine Propagandalüge. Blair unterschlägt, was allgemein bekannt war: daß zu diesem Zeitpunkt längst die Nordallianz, der neue Bündnispartner der USA und ihrer Alliierten, den Weltmarkt mit Opium von afghanischen Feldern und *Heroin* aus afghanischen und pakistanischen Labors versorgte.

Noam Chomsky beschreibt diese Nordallianz als eine »Ansammlung von Kriegsherren, die zuvor in Afghanistan für so viel Zerstörung und Terror gesorgt hatten, daß die Bevölkerung die Taliban mit offenen Armen empfing«:[66] Internationale Beobachter gehen davon aus, daß die über Nacht zum Bündnispartner der

USA mutierte Nordallianz, wie zuvor schon die Taliban, *Heroin*labors unterhält und den Anbau von Mohn in den von ihr kontrollierten Regionen fördert. Der Drogentransfer nach Tadschikistan, das als Dreh- und Angelpunkt für den Drogentransfer nach Europa gilt, wird ebenfalls von der Nordallianz kontrolliert.

Zweifel an den edlen Motiven ihres religiös verbrämten Versprechens, die Opiumpolitik der Taliban in Übereinstimmung mit dem Koran zu bringen, sind im übrigen mehr als angebracht, auch wenn UN-Beobachter die Einstellung des Mohnanbaus und den Rückzug vom Opium- und *Heroin*markt bestätigen. Dabei könnte es sich jedoch um ein geschicktes Manöver zur Wertsteigerung heimlicher Lagerbestände gehandelt haben. Die Marktentwicklung nach dem 11. September 2001 legt diese Vermutung nahe. Plötzlich gab es wieder *Heroin* im Überfluß. Sollten die Taliban, nachdem sie ins Visier der Terrorfahnder geraten waren, ihre, wie Vertreter westlicher Geheimdienste behaupten, randvollen Rohopiumlager aufgelöst haben, um den Kauf von Waffen für die sich abzeichnenden kriegerischen Auseinandersetzungen mit der »Allianz gegen den Terror« zu finanzieren?

Anfang September 2001 lag der Preis für das Kilo Rohopium noch bei 700 US-Dollar. Vier Wochen später war er auf weniger als 100 US-Dollar pro Kilo gefallen. Dafür nennt Jürgen Roth in seinem Buch *Netzwerke des Terrors*[67] zwei plausible Gründe: Der Preisverfall sei ein deutliches Indiz dafür, daß nicht nur große Verkäufe von Rohopium aus Lagerbeständen stattgefunden hätten, sondern ein Signal auch dafür, daß Mohn in Zukunft wieder reichlich angebaut werden würde. Diese Einschätzung deckt sich mit Berichten sowohl von Beobachtern der Vereinten Nationen wie von Beobachtern verschiedener in Afghanistan tätiger »non governmental organisations«, die eine beachtliche Mohnaussaat überall da registriert haben, wo die Nordallianz die Kontrolle gewonnen hat und die Taliban die Kontrolle verloren haben. Für die nächsten Jahre sei eine *Heroin*schwemme von beachtlichem Ausmaß zu erwarten.

Nur der Wiederaufbau der darniederliegenden Landwirtschaft und Kompensationszahlungen für den Verzicht auf Mohnanbau könnten diese Entwicklung verhindern, argumentiert die von der »Allianz gegen den Terror« eingesetzte Regierung in Kabul. Mit Substitutionspolitik, die am Weltmarkt nachgefragte Agrarprodukte wie Mohn, Koka oder Hanf durch am Weltmarkt im Überangebot vorhandene Agrarprodukte wie Weizen, Bohnen oder Mais ersetzen will, ist die UNO bereits in Südostasien und Lateinamerika gescheitert. Sie wird mit dieser Politik auch in Afghanistan scheitern. Im Oktober 2002 berichten die Medien von ersten Bauernprotesten in den traditionellen Anbaugebieten. Die versprochenen Kompensationszahlungen lägen, sofern sie überhaupt ankämen, weit unter dem, was mit dem Anbau von Mohn zu erzielen sei. Mohn bringt zehn- bis fünfzehnmal mehr ein als gängige Agrarprodukte zur Herstellung von Nahrungsmitteln. Wenn die Ausgleichszahlungen nicht erhöht würden, so Sprecher der Mohnbauern, müsse man die Schlafmohnkultivierung wieder aufnehmen. Ein in »Le Monde Diplomatique« zitierter »hoher iranischer Offizier« bringt die Lage auf den Punkt: »Ich weiß nicht, ob die amerikanischen Bomben das Taliban-Problem geregelt haben; die Opiumfrage haben sie jedenfalls nicht gelöst.«[68]

In der Globalstrategie der USA wird die »Drogenfrage« nach den Ereignissen vom 11. September 2001 eine andere, wichtigere Rolle spielen als zuvor. »Wir könnten erleben«, spekuliert Bernhard Frahni, Leiter der UN-

Kontrollstelle in Islamabad, unmittelbar nach den Anschlägen in New York und Washington, »daß sich Terrorismus und Drogenhandel gegenseitig ergänzen.« Eine ziemlich verspätete Einsicht, hatte doch bereits 1994 ein führender Vertreter von Interpol öffentlich erklärt, daß Drogen zur Hauptfinanzierungsquelle des Terrors geworden sind.[69]

Die Bush-Regierung gibt sich, wie alle Administrationen vor ihr seit Richard Nixon, der Anfang der 1970er Jahre zum »war on drugs« aufgerufen hatte, optimistisch, was das Kriegsziel betrifft. Man werde in das Bankensystem eindringen, die Geldwäsche unterbinden, die Profite abschöpfen und den Krieg gewinnen. Bereits vor zwei Jahrzehnten hatte die UN, nachdem sie die Erfolglosigkeit ihrer bisherigen Strategie eingestehen mußte, eigens eine »financial task-force« eingerichtet, um dieses Versprechen einzulösen. Auch diese »action task-force« hat sich als stumpfe Waffe gegen die Internationale der Geldwäscher erwiesen. Je raffinierter die Untersuchungs- und Fahndungsmethoden, desto raffinierter die Methoden der Geldwäsche und des Geldtransfers – das ist ein Erfahrungssatz, der sich auch in Zukunft bestätigen dürfte. In seinem Report von 2001 zeigt sich der Kontrollrat besorgt »über die wachsende Benutzung elektronischer Hilfsmittel bei Geldtransfers zusammen mit einem massiven Anwachsen des Umfangs und der Geschwindigkeit«[70] der Geldbewegungen. Zwar ist Bargeld noch immer bevorzugtes Zahlungsmittel bei der Abwicklung eines Drogendeals, doch ist zu beobachten, daß sich mit der Entstehung eines globalen Aktien- und Wertpapiermarkts neue und noch schwerer kontrollierbare Zahlungs- und Verrechnungsmöglichkeiten aufgetan haben.

In der Diskussion über die bedrohlichen Folgen der Globalisierung wird leicht übersehen, daß sich weltweit

noch immer soziale, politische, kulturelle und ökonomische Strukturen und Systeme dem Globalisierungs-
prozeß entziehen. So konnte sich neben dem internationalen Bankensystem das jahrhundertealte islamische
Zahlungssystem Hawala als eine gigantische Geldma-
schine, die rund um die Uhr Milliarden von US-Dollar
verschiebt, behaupten. Sehr zum Ärger der Drogen-
und Terrorfahnder, denen es nur selten gelingt, dieses
System, welches auf Vertrauen und Verabredungen
beruht, keine Unterschriften benötigt, Buchungsbelege
nicht kennt und folglich keine Spuren hinterläßt, zu
infiltrieren. Hawala ist nicht auf Muslime beschränkt.
»Islamic banking« ist in ähnlicher Form auch in China
verbreitet (»flying money«). Hawala ist eine Form der
Schuldübertragung in Übereinstimmung mit den Geboten der Sharia'a, die Zinszahlungen verbieten, Trans-
fergebühren aber zulassen. Das US-Schatzamt geht
davon aus, daß auf diesem Wege jährlich Hunderte
Milliarden US-Dollar bewegt werden. Auf einer vom
Auswärtigen Amt in Berlin einberufenen Experten-
tagung wurde die Gesamtsumme »schmutzigen Gel-
des«, das islamischen Organisationen zuzurechnen sei,
mit zwischen 500 Milliarden und 1,5 Billionen Dollar
angegeben.[71]

Zuviel sollte man sich von den Recherchen der
Finanzfahnder sowieso nicht versprechen. Ihnen sind
Grenzen gesetzt, denn in den sensiblen Bereichen, wo
die illegalen auf die legalen Finanzströme treffen und
sich vermischen, ist die US-Regierung an der radikalen
Offenlegung von Transaktionen und Querverbindun-
gen nicht interessiert. »Die Amerikaner schicken gerne
mal Flugzeugträger los, aber ihre Aktionen im Finanz-
sektor sind eher symbolisch«,[72] sagt ein »erfahrener
deutscher Geldwäsche-Ermittler«, den die »Süddeutsche Zeitung« zu Wort kommen läßt.

Sowenig es gelang, die Geldströme zu unterbinden, so wenig ist es gelungen, den Chemikalienstrom zu stoppen, der in Labors der *Heroin-* und *Kokain*produzenten in Zentral- und Südostasien und nach Lateinamerika fließt. Wo immer es der von den UN eingerichteten »chemical task-force« gelang, einen Zulieferer dingfest zu machen und zum Verzicht auf weitere Lieferungen zu zwingen, übernahm ein anderer Chemiehersteller die Versorgung der Labors mit den chemischen Ausgangsprodukten zur Herstellung von *Heroin* oder *Kokain* und neuerdings *Amphetamin*. In den beiden wichtigsten Anbau- und Verarbeitungsregionen für *Heroin* in Zentralasien und in Südostasien kommt der Nachschub, nachdem westeuropäische Chemiehersteller unter dem Druck der Öffentlichkeit und aus Angst vor Imageschäden ausgestiegen sind, aus der Volksrepublik China und aus den südlichen Republiken der früheren Sowjetunion. Heute, im Herbst 2003, nimmt Afghanistan als Opium- und *Heroin*produzent wieder den ersten Platz ein und damit den Platz, den es vor dem Krieg gegen die Taliban und das Al-Qaida-Netzwerk innehatte.

2.3 *Die ökologische Dimension der Kokainherstellung unter den Bedingungen der Illegalität wird grob unterschätzt.*

Sie sind Spezialisten für schmutzige Einsätze. Sie kommen in Hubschraubern und mit gepanzerten Fahrzeugen. Sie sind ausgerüstet mit allem, was zur Aufstandsbekämpfung nötig ist. Ihre Kriegsführung ist schnell, mobil und tödlich. Man könne davon ausgehen, erklärt ein Sprecher des Südkommandos der US Army, daß »an jedem x-beliebigen Tag des Jahres rund 5 300 US-Soldaten an einem der etwa 150 Einsatzorte in der Region für die gemeinsame Sache kämpften«.[73] Die »Region« ist Südamerika, die »gemeinsame Sache« der Krieg gegen Drogen. Blutigster Schauplatz dieses mit »geringer Intensität« (»low intensity«) geführten Krieges ist Kolumbien. »In Kolumbien, das in den letzten Jahren zu den führenden Empfängern US-amerikanischer Militärhilfe gehörte, werden die Menschenrechte mit Füßen getreten wie nirgendwo sonst auf der Welt«,[74] schreibt Noam Chomsky in seinem Buch *Profit Over People*. Kriegsführung mit geringer Intensität bedeutet immer auch Kriegsführung auf einem möglichst niedrigen öffentlichen Erregungsniveau. Und so findet dieser Krieg im Hinterhof der USA allerhöchstens als sporadisches Medienereignis statt, immer dann, wenn spektakuläre Festnahmen oder sensationelle Beschlagnahmen zu melden sind. Vom Leid und vom Elend, das dieser Krieg über die Bevölkerung in den Kriegszonen Boliviens, Perus oder Kolumbiens bringt, ist in den Massenmedien kaum etwas zu lesen, zu hören oder zu sehen. Selbst Susan Sontag, die sich in einem Zeitungsartikel mit dem anschwellenden Kriegsgeschrei ein Jahr nach den Anschlägen des 11. September 2001 befaßt, behauptet allen Ernstes: »Wenn ein Präsident der Vereinigten Staaten dem Krebs, der Armut und den Drogen den Krieg erklärt, wissen wir natürlich, daß ›Krieg‹ eine Metapher ist.«[75] Was für ein Irrtum.

Spätestens mit der Invasion Panamas im Dezember 1989 war Schluß mit dem »Krieg als Metapher«. Bei der von den Vereinten Nationen als völkerrechtswidrig verurteilten »Operation Gerechte Sache« kamen 24 000 US-Soldaten zum Einsatz. Die Aggressoren hinterließen 7 000 panamesische Opfer. Es war die bis dahin größte Militäroperation der USA seit dem Ende des Vietnamkriegs. Panamas Militärdiktator Manuel Noriega, Günstling mehrerer US-Präsidenten und jahrelang kooperationsbereiter Partner der US-Geheimdienste, war in Ungnade gefallen, weil er das gegen Kuba verhängte Embargo unterlaufen haben soll und sich auch sonst als ziemlich eigensinnig erwies. Noriega wurde als »Schirmherr des internationalen Drogenhandels« öffentlich ausgeschrieben und als Bündnispartner abserviert. Er wurde eingefangen, vor ein US-amerikanisches Gericht gestellt und zu vierzig Jahren Haft verurteilt. Doch die lateinamerikanischen Drogenkartelle hatten längst neue Vertriebswege erschlossen, um den Verlust der Schaltstelle Panama zu kompensieren und die Versorgung des Marktes zu sichern. Das Multimilliarden-Dollar-Drogenbekämpfungsprogramm der Regierung von Bush Senior verpuffte wirkungslos.

Einen neuen Anlauf, den lateinamerikanischen Drogenhandel unter Kontrolle zu bekommen, unternahm US-Präsident Bill Clinton in seiner zweiten Amtszeit.

Clinton konzentrierte seine Anstrengungen ganz auf Kolumbien, mit dessen Regierung er den »Plan Colombia« entwickelte. Erneut wurden Mittel in Milliardenhöhe bereitgestellt, um die Macht der Kartelle zu brechen. Das jedenfalls war die offizielle Begründung für die Anschaffung von neuem Militärgerät im Wert von 1,4 Milliarden US-Dollar im Rahmen des »Plans«, der von Clintons Amtsnachfolger Bush junior übernommen wurde. »Angeblich geht es den Vereinigten Staaten um den ›Drogenkrieg‹. Doch das ist ein reiner Mythos«,[76] schreibt Chomsky. Worum geht es dann?

Kolumbien ist seit über vierzig Jahren Schauplatz blutiger militärischer Auseinandersetzungen. Eine Linksguerilla, die Tausende von Kämpfern unter Waffen hat und große Gebiete des Landes kontrolliert, liefert sich eine nach allen Regeln des Guerillakampfes verlaufende Auseinandersetzung mit den Streitkräften Kolumbiens, die von den USA systematisch mit militärischem Gerät aufgerüstet werden. Diese Armee verfolgt nicht selten eine eigene, der politischen Kontrolle entzogene Agenda. Sie kooperiert mit paramilitärischen Milizen im Dienste der Oligarchie von Großgrundbesitzern und Ölbaronen, wenn sie nicht gleich selbst, was oft genug vorkommt, in die Uniformen von Paramilitärs schlüpft, um die Landbevölkerung zu terrorisieren. Jährlich werden Tausende unbeteiligter Zivilpersonen Opfer paramilitärischer Milizen.

Wie legitim die politischen Ziele der FARC (Fuerzas Armadas Revolucionarias de Colombia) und der ELN (Ejército de la Liberación Nacional) auf der anderen Seite der Frontlinie auch sein mögen, es ist eine unbestreitbare Tatsache, daß sich beide Guerillagruppen hauptsächlich aus den Einnahmen einer von ihnen erhobenen und notfalls mit Gewalt eingetriebenen Drogensteuer finanzieren. (Weltweit führt eine Drogen-Connection zu praktisch allen Befreiungsbewegungen, unabhängig von deren politischer Orientierung und Zielsetzung.) »Nach dem Bericht einer 1995 eingesetzten Untersuchungskommission sollen die FARC und die ELN Vereinbarungen zur Harmonisierung ihrer Besteuerungsrichtlinien für das Drogengeschäft getroffen haben, dann sollen folgende Tarife gegolten haben: 11 Dollar monatlich für die ›Überwachung‹ illegaler Koka-Kulturen; 11 000 Dollar monatlich für die Bewachung eines Laboratoriums; fünf Dollar für jedes dort produzierte Kilo *Kokain*; 20 Dollar pro Kilo Luftfracht; 15 000 Dollar für jeden Flugstart auf einer der geheimen Pisten.«[77] Die Steuereinnahmen reichen zusammen mit den Einnahmen aus Entführungen aus, den Waffen- und Munitionsbedarf der Guerilla zu decken und den regulären Streitkräften militärisch entgegenzutreten.

Die militärische Stärke der Guerilla ist einer der Gründe für ihre politische Schwäche. Im ersten Jahrzehnt ihres Bestehens hatte die FARC einen starken Rückhalt vor allem in der indianischen Bevölkerung Kolumbiens. Heute fragen sich viele, die sich durch die Guerilla einmal repräsentiert fühlten, ob die FARC noch die legitime Vertreterin ihrer Interessen ist. Immer mehr verstärkt sich der Eindruck, das Militärische habe sich verselbständigt und die Führung der FARC denke mehr an die Sicherung ihrer Macht als an die Interessen der verelendeten Landbevölkerung, in deren Namen sie einst auf den Plan getreten ist. »Die Rauschgift-gegen-Waffen-Geschäfte ziehen sich seit über zwei Jahrzehnten wie ein roter Faden durch die Kriegsschauplätze der Welt, beginnend mit dem Bürgerkrieg im Libanon Mitte der 1970er Jahre bis hin zum Bürgerkrieg in Afghanistan Ende der 1990er Jahre«, schreiben Thamm und Freiberg in ihrem 1998 veröffentlichten Buch *Mafia global.*

Organisiertes Verbrechen auf dem Sprung in das 21. Jahrhundert.[78]

Als Drogenproduzent und Drogenexporteur aufgefallen ist Kolumbien bereits in den 1960er Jahren. Im Werturteil der Konsumenten von damals stand kolumbianisches *grass* ganz oben auf der Nachfrageliste. Bei einer ihrer ersten militärischen Operationen im »war on drugs« setzte die US-Regierung ein hochgiftiges Vernichtungsmittel ein, um den Marihuananachschub zu unterbinden und die Pflanzen an der kolumbianischen Karibikküste auszurotten. Quasi über Nacht brach der florierende Marihuanamarkt in den USA zusammen. Mit kalifornischem Optimismus und dem dazugehörigen agrarwissenschaftlichen und technischen Know-how stiegen einheimische Pflanzer ins Geschäft ein. Innerhalb weniger Jahre entstand eine Cannabisindustrie, die den Verlust des kolumbianischen Angebotsmarktes mehr als auszugleichen vermochte.

Gleich in mehreren US-Bundesstaaten wurde Marihuana zum wichtigsten Agrarprodukt, wichtiger als alles andere, was sonst noch unter der Sonne Kaliforniens oder auf den Feldern von Texas gedieh. Kalifornisches *sinsemilla grass*, mit seinem hochgezüchteten THC-Anteil, war von nun an der Inbegriff für Qualität – jedenfalls in der Bewertung der US-amerikanischen Konsumenten. In Kolumbien, wo diese Entwicklung genau registriert wurde, konnte man die von der US-Regierung angeleiteten Pflanzenvernichtungsaktionen nur als protektionistische Maßnahme zum Schutz US-amerikanischer Marihuanapflanzer verstehen. Dieses Mißtrauen hält bis heute an, entgegen allen offiziellen Beteuerungen, und bestimmt die oft ambivalente Haltung kolumbianischer Regierungen im Kampf gegen die *Kokain*kartelle.

Koka wird traditionell auch in Kolumbien angebaut, wo die Pflanze, wie überall in den Bergregionen der Anden, zu den Grundnahrungsmitteln der indianischen Bevölkerung zählt. Die Hauptanbauländer aber sind Peru und Bolivien. Acht bis fünfzehn Millionen Menschen in Südamerika kauen Kokablätter. In den Mythen der indigenen Bevölkerung hat die Pflanze, deren Spuren sich 4 000 Jahre zurückverfolgen lassen, eine magische Kraft. Sie stillt den Hunger, wo Mangel an Nahrung herrscht, sie wärmt, wo es kalt ist, sie verleiht Stärke, wo Energie und Ausdauer verlangt sind.

Mit all dem hat das erstmals 1859 für medizinische Zwecke aus dem Kokablatt isolierte Alkaloid *Kokain* nichts zu tun. Die deutsche Pharmafirma E. Merck nahm 1862 die Produktion von *Kokain* als Betäubungsmittel für den medizinischen Bedarf auf. Bis heute wird das Medikament therapeutisch angewendet – etwa in der Augenmedizin. Zur Problemdroge wurde das Betäubungsmittel erst mit seiner Entdeckung als Genußmittel. Das rief die Prohibitionisten auf den Plan. Auf der 1912 in Den Haag veranstalteten Konferenz geriet auch *Kokain* als Genußmittel auf die Verbotsliste und war fortan als illegale Luxusdroge hoch begehrt.

In den 1970er Jahren setzte in den USA und in Westeuropa ein neuerlicher Nachfrageboom ein, der das lateinamerikanische Kokablatt zu einem hochwertigen und konkurrenzlosen Agrarprodukt veredelte. Inmitten einer schweren ökonomischen Krise eröffnete sich plötzlich ein vielversprechender Markt. Heute, wo der Weltmarkt zu achtzig Prozent mit *Kokain* aus Kolumbien beschickt wird, gerät leicht in Vergessenheit, daß die erste Angebotswelle von Peru und Bolivien ausging. Die Verarbeitung von Koka dort war sehr viel profitabler als in Kolumbien, denn der Alkaloidgehalt von kolumbianischem Koka liegt weit unter dem peruanischer und bolivianischer Pflanzen. Kolumbien übernahm zunächst nur die Weiterverarbeitung des Rohprodukts. In der sich entwickelnden »coca-economy« wurde auch der Außenhandel immer mehr von Kolumbien aus gesteuert. Die Ernten waren zwar vernichtet und der US-Markt war weggebrochen, doch die kriminelle Infrastruktur des einst professionell aufgezogenen kolumbianischen Marihuanahandels war nicht zerstört. Es lag also nahe, sich die bereits bestehende Infrastruktur bei der Belieferung des Weltmarktes mit *Kokain* zunutze zu machen.

Ebenso naheliegend war der Anfang der 1990er Jahre getroffene Beschluß, diese mittlerweile verfeinerte Infrastruktur auch für den Vertrieb von *Heroin* zu nutzen. Die Erweiterung der Produktpalette – Diversifizierung genannt – drängte sich unter kaufmännischen Gesichtspunkten geradezu auf. Warum sollten kolumbianische *Kokain*händler den nordamerikanischen *Heroin*markt der südostasiatischen Konkurrenz überlassen? Sie waren doch viel näher dran am wichtigsten aller Verbrauchermärkte. Sie wußten auch, wie man den Stoff in die USA bringt, wie und wo man die illegalen Profite in den Sektor der legalen Ökonomie überführt. So wurde innerhalb weniger Jahre in mehreren Südprovinzen Kolumbiens mit Hilfe südostasiatischen Know-hows eine profitable *Heroin*industrie aufgezogen. Schon 1995 sollen mehr als fünf Tonnen *Heroin* von kolumbianischen Mohnfeldern und aus kolumbianischen Labors auf den nordamerikanischen Markt geschleust worden sein.

Den indianischen Bauern in den Höhenregionen der Anden kam diese Entwicklung sehr gelegen. Auf den kargen Böden, die sie unter großem Arbeitsaufwand bewirtschafteten, wuchs plötzlich eine genügsame Pflanze, deren vergleichsweise bescheidener Erlös immer noch weit über allen anderen Produkten lag, die sie bis dahin angebaut hatten. Nicht anders ist die Interessenlage der Kokapflanzer in Bolivien, Peru, Ecuador, Venezuela und in den Amazonasgebieten Brasiliens. Auch sie erlösen aus dem Anbau von Koka weit mehr als aus allen anderen Pflanzen zur Herstellung von Nahrungsmitteln, mag der Produzentenpreis in den Anbaugebieten im Vergleich zu den Endverbraucherpreisen an den Märkten in den USA und in Europa auch noch so gering sein. Der Anbau von Koka und Mohn rechnet sich auch deshalb, weil die Pflanzen mehrere Ernten im Jahr garantieren.

Um den Angebotsdruck zu brechen, verfolgten die USA eine Strategie nach dem Grundsatz: das Übel bei der Wurzel packen. Sie setzten da an, wo die Pflanze wuchs, geerntet und zu Kokapaste verarbeitet wurde. Mal mit, mal ohne Unterstützung der Vereinten Nationen fielen ihre Spezialtruppen, unterstützt von einheimischen Spezialisten für Folter, Mord und Totschlag, unzählige Male in Peru und Bolivien ein. Sie töteten, wer sich ihnen in den Weg stellte, sie vernichteten die Ernten unter Einsatz von Herbiziden, sie fackelten die im Dschungel verborgenen Labors ab, sie pflügten die geheimen Landepisten um, und sie vertrieben Zehntausende von Bauernfamilien aus ihren Hütten. Immer und immer wieder. Das zeigte Wirkung, auch deshalb, weil die Militäroperationen mit der Drohung von wirtschaftlichen Sanktionen verbunden waren, sollte die jeweilige Regierung in La Paz oder in Lima die nordamerikanischen Helfer nicht energisch unterstützen.

Militärische und polizeiliche Repression zeitigt immer auch ökonomische Folgen. Die Beschlagnahme des Endprodukts oder die Vernichtung einer Ernte verknappt das Angebot und läßt die Preise steigen. Ein auf seiten der Händler, deren Lager gefüllt sind, durchaus erwünschter Effekt. Nimmt die Repression jedoch überhand, weichen die Produzenten aus und erschließen neue Anbaugebiete. Etwa in Kolumbien, das seine heutige Marktstellung der Tatsache verdankt, daß sich die militärische Repression zunächst nur auf Bolivien und Peru konzentrierte. Die kolumbianischen Kartelle – allen voran die Kartelle von Cali und Medellin – verlagerten den Anbau von Koka und die Produktion von *Kokain* in ihren unmittelbaren Einfluß- und Zugriffsbereich.

In einem in der Zeitschrift »Suchtreport« veröffentlichten Artikel beschreibt Berndt Georg Thamm die unterschiedlichen Geschäftsstrategien der beiden Kartelle – wobei der Begriff »Kartell« irreführend ist. Beide »Kartelle« sind mafiaähnlich organisiert. Ihre Geschäftsbeziehungen beruhen auf Absprachen und Gefälligkeiten in einem Geflecht wechselseitiger Abhängigkeiten: »Während das Medellin-Kartell, personifiziert in der Führungsperson Pablo Escobar Gavira, sich mehr aus der kleinkriminellen Unter- bzw. Mittelschicht zusammensetzte, galten die Führungspersonen des Cali-Kartells seit jeher als ›caballeros‹, eben unbescholtene Bürger mit hervorragenden Beziehungen zur traditionellen Bourgeoisie. Daraus ergaben sich unterschiedliche Strategien zur Interessendurchsetzung gegenüber Staat und Gesellschaft: Während Cali auf diskrete Behördeninfiltration (unter Ausnutzung guter Beziehungen zu den Polizeien) und Investitionen in die legale Wirtschaft setzte, ging Medellin traditionell mit hemmungsloser Gewalt zur Verwirklichung seiner Geschäfte vor.«[79] Das Medellin-Kartell wird verantwortlich gemacht für Terroranschläge, Bomben- und Sprengstoffattentate, Erschießungen und Entführungen. Den Zenit seiner ökonomischen und politischen Macht erreichte das Kartell, als es den Ausgleich des defizitären Staatshaushalts anbot, wenn die Regierung im Gegenzug das ihr von den USA aufgezwungene Auslieferungsabkommen kündigte. Doch da ging es schon längst bergab. In den USA hatte man erkannt, daß die Lage in Kolumbien außer Kontrolle zu geraten drohte. Die Guerilla schien unbesiegbar. Sie kontrollierte zeitweise die Hälfte des Landes. Und dieses Land produziert Erdöl, es ist Mitglied der OPEC und siebtwichtigster Öllieferant der USA.

Spätestens wenn es um die Wahrnehmung ihrer Ölinteressen geht, mobilisieren die USA alle Kräfte, diese zu sichern. Die kolumbianische Armee wurde mit Waffen geradezu überschüttet. Hubschrauber und Ausrüstungen für den Nahkampf führten die Liste der Rüstungsgüter an. Verstärkt wurde auch die Beratertätigkeit. Und selbstverständlich wurden auch die Geheimdienste aktiviert. Ende 2002 waren mehr als neunhundert Ausbilder der US Army im Land. Das alles wurde 1999 im »Plan Colombia« festgeschrieben und als entscheidende Etappe im »war on drugs« deklariert, obwohl der Schutz von Bohrstellen und die Sicherung von Pipelines das eigentliche, übergeordnete Ziel sind. Denn in den Gebieten, die der »Plan Colombia« als Operationsziele vorsieht, in den Departements Caqueta und Putumayo, soll die Ölförderung störungsfrei vorangetrieben werden können. Die Departements liegen an der Grenze zu Ecuador, das ebenfalls Öl produziert. Hier operieren paramilitärische Milizen im Auftrag der Ölindustrie, die, bestens ausgerüstet mit US-amerikanischen Waffen, die Ölvorkommen und die geplanten Kanalprojekte und Transportwege zu Lande sichern sollen. Die Vertreibung beziehungsweise Umsiedlung der *campesino*-Familien ist Teil ihres Auftrags. In Bolivien wurde diese Strategie bereits erfolgreich umgesetzt. Illusionslos stellt Evo Morales, langjähriger Anführer der

Kokabauerngewerkschaft, fest: »Die gesamten Anden werden zur Geisel ökonomischer Megaprojekte und der Erdölstrategie der USA.«[80]

Mitte der 1990er Jahre gerieten die beiden großen kolumbianischen Kartelle militärisch wie politisch derart unter Druck, daß sie der Regierung in Bogotá regelrechte Kapitulationsverhandlungen anboten. Über die Deals, die im einzelnen gelaufen sind, wird in Kolumbien noch immer spekuliert. Einige der großen Bosse tauchten unter oder stellten sich freiwillig, andere, wie der Drogenbaron Pablo Escobar, wurden während einer Polizeiaktion auf der Flucht erschossen. Das Ende des Medellin-Kartells wirkte sich auf den *Kokain*markt kaum aus. Vielmehr bot das Machtvakuum eine Chance, das ganze Geschäft zu reorganisieren. Die neuen Herren, die es vorziehen, in Kleingruppen zu arbeiten, die auf öffentliche Aufmerksamkeit wenig Wert legen und folglich, wo möglich, Gewalt vermeiden und bei der Abwicklung ihrer Geschäfte auf High-Tech-Kommunikation setzen, haben die Marktstellung Kolumbiens behaupten können. Kolumbien ist das wichtigste Anbau- und Produzentenland für *Kokain* geblieben. Auch die *Heroin*-Connection funktioniert weiterhin reibungslos, wenn man akzeptiert, daß immer ein bestimmter Prozentsatz in den Netzen der Drogenfahnder hängenbleibt. Dieser Reibungsverlust ist ein Spezifikum des illegalen Drogenhandels und Bestandteil der Risikokalkulation. Allerdings haben UN-Experten eine Machtverschiebung im globalen Gefüge des *Kokain*handels registriert.

Das mexikanische Golfkartell soll an die Stelle des untergegangenen Medellin-Kartells getreten sein.

Das wäre nur logisch, hat aber mit den Ereignissen in Kolumbien nur wenig zu tun. Die von Kanada bis Mexiko reichende nordamerikanische Freihandelszone

NAFTA wird die mexikanische Grenze zu den USA durchlässiger machen und gleichzeitig die Zoll-Außengrenze der USA an die Südgrenze Mexikos verschieben. Wer diese Grenze kontrolliert, hat automatisch eine starke Stellung am Markt, gleichgültig, womit er Handel treibt. Die Europäische Union, aber auch die Nachbarländer Kolumbiens warnen vor einer weiteren Militarisierung des »war on drugs«. Brasilien und Venezuela verweigern ihre Mitwirkung. Auch die EU ist nicht bereit, den militärischen Teil des »Plan Colombia« mitzutragen und umzusetzen. Diese bemerkenswerte Distanzierung von der aggressiven US-Strategie wurde in Europa kaum kommentiert. Ein weiterer Beleg dafür, wie sehr der wahre Charakter des »war on drugs« auch in der europäischen Öffentlichkeit unterschätzt wird.

Kolumbien ist ein Land im permanenten Ausnahmezustand. Die Kriminalitätsrate steigt von Jahr zu Jahr. Tausende sterben jährlich eines gewaltsamen Todes. Der Bürgerkrieg zwischen Armee, Guerilla und Paramilitärs fordert jährlich bis zu 5 000 Tote. Und dann ist da noch die Entführungs-Industrie, deren Umsatz auf 500 Millionen Dollar jährlich bei durchschnittlich 3 000 Entführungen pro Jahr geschätzt wird. Um »dieses bestialische Drama« nicht in Vergessenheit geraten zu lassen, hat Gabriel García Márquez seine Reportage *Nachricht von einer Entführung* veröffentlicht, wohl wissend, daß dieses Drama »leider nur ein Moment der alttestamentarischen Feuersbrunst ist, in der sich Kolumbien seit über zwanzig Jahren verzehrt«.[81]

Die Angst von Kolumbiens Nachbarn, in dieses Desaster hineingezogen zu werden, ist begründet. Fast zwei Millionen Menschen sind in Kolumbien auf der Flucht vor der Armee, der Guerilla, den paramilitärischen Milizen, den Todesschwadronen und den Gifteinsätzen aus der Luft, die ihre Ernten vernichten, die

Böden vergiften, das Wasser verseuchen und das Land unbewohnbar machen. Mit Rückendeckung der UNO inszeniert die Supermacht USA »einen gigantischen, an Vietnam erinnernden Luftkrieg gegen die Drogenproduzenten. In Kolumbien werden Kokaplantagen aus der Luft mit Gift besprüht und nebenbei die linke Guerilla bekämpft«, schreibt Tom Blickman in »Le Monde Diplomatique«.[82] Beobachtern im Dienste der Vereinten Nationen ist aufgefallen, daß das Gift selektiv versprüht wird. Industriell betriebene Kokaplantagen unter dem Schutz paramilitärischer Milizen bleiben weitgehend verschont.

Die ökologische Dimension der *Kokain*herstellung unter den Bedingungen der Illegalität wird grob unterschätzt. Schon die bei der Gewinnung der Kokapaste und bei der Verarbeitung zu *Kokain* anfallenden Chemikalien belasten die Umwelt schwer, denn sie werden, wie könnte es anders sein, ungeklärt in den Urwald entsorgt. Noch schwerer wiegen die von den Herbizideinsätzen verursachten Umweltschäden. Kolumbianische Experten sprechen von 150 000 Hektar Regenwald, die bereits vergiftet wurden, und in der »Neuen Zürcher Zeitung« rechnet Jens Holst vor, daß »bei gleichem Einsatz der Herbizide bis 2015 über zwei Drittel des kolumbianischen Urwaldes in Ödland verwandelt sein werden«.[83] Da fast alle Gifteinsätze nur dort geflogen werden, wo die Pflanze im Schutz der Guerilla angebaut und verarbeitet wird, sind die Piloten gezwungen, ihr Gift aus großer Höhe zu versprühen, um nicht in die Schußlinie von Guerilleros zu geraten. Von einem gezielten Gifteinsatz, der nur die Schlafmohnfelder und die Kokasträucher trifft, die Kaffeesträucher, die Bananenplantagen, die Yuccapflanzen, die Mais- und die Bohnenfelder, das Vieh und die Wasserreservoirs aber verschont, kann nicht die Rede sein. Alle gegenteiligen

Behauptungen US-amerikanischer Berater sind Kriegs-propagandalügen.

Die Umweltschäden sind so gravierend, daß nun auch auf Regierungsebene nach Alternativen gesucht wird. So will die kolumbianische Regierung die USA dazu bringen, auf Sprühaktionen aus der Luft zu verzichten und die Koka- und Mohnpflanzen manuell zu zerstören. Manpower statt Chemie. Der Chemieeinsatz ist teuer, und er ist wirkungslos, wenn man die ökologischen Nebenwirkungen und die gesundheitlichen Folgen für die Bevölkerung einmal außer acht läßt: 1995 gab es 50 000 Hektar Kokafelder, 1999 waren es 120 000 Hektar. Die Flächen für den Mohnanbau nahmen von null auf 6 000 Hektar zu.[84]

Die manuelle Zerstörung der Mohn- und Kokapflanzen macht jedoch den Einsatz von Bodentruppen erforderlich. Das ist riskant. Die Kokabauern in einigen Anbauregionen reagieren immer militanter auf das Anbauverbot und dessen Exekutoren. In den USA wird intensiv nach einer Strategie gesucht, die chemische Kriegsführung zu ersetzen, ohne das Risiko für die »special forces« zu erhöhen. Die Entwicklung läuft auf biologische Kriegsführung hinaus. Von oben. Aus der Luft. Wie bisher. In einem Labor, das den Geheimdiensten zuarbeitet, wurde ein Pilz gezüchtet, dem die Eigenschaft zugeschrieben wird, gezielt die Schlafmohnpflanze zu zerstören und alles, was um sie herum wächst, unberührt zu lassen. Auch für Koka gibt es eine entsprechende Züchtung. Der Einsatz ist sowohl in Afghanistan wie in Lateinamerika vorgesehen. Experimentell wurden die Pilze bereits ausgesetzt, zu einem großflächigen Einsatz ist es bisher jedoch nicht gekommen.

Öko-Aktivisten haben interveniert und die bereits vorhandenen Bedenken verstärkt. Sollte sich nämlich der Pilz aggressiv verbreiten und außer Kontrolle geraten, dann wäre der gesamte Mohnanbau gefährdet – also auch der für medizinisch-pharmakologische Zwecke. Auch gibt es Zweifel, ob sich der Pilz auf die Zerstörung von Mohn und Koka beschränken wird und nicht doch auf andere Pflanzen überspringt. Befürchtet werden müssen auch Mutationen, die möglicherweise die Potenz der Pflanze erhöhen, statt sie zu vernichten. Das scheinen die offenen Fragen zu sein, die einen großflächigen Einsatz im offenen Feld verhinderten. Bis jetzt. Sollte es trotz aller Bedenken zu einem Pilzeinsatz kommen, dann wäre das eindeutig ein Verstoß gegen die Biowaffen-Konvention der Vereinten Nationen, deren Zusatzprotokoll ein Inspektionssystem vorsieht. Kein Problem für die US-Regierung, denn die hat das Zusatzprotokoll erst gar nicht unterzeichnet.

Kolumbianische Binnenflüchtlinge, die zu Hunderttausenden auf der Suche nach einem von chemischen Rückständen freien Stück Land sind, auf dem sie anbauen können, was sie zum Überleben brauchen, werden vor allem in Brasilien als Bedrohung empfunden. Je tiefer die Flüchtlinge in den Regenwald vordringen, um dort mittels Brandrodung für einen bescheidenen Ackerbau Platz zu schaffen, zu dem in der Regel, wenn das Klima und die Bodenverhältnisse es zulassen, auch der Anbau von Koka gehört, desto größer die Wahrscheinlichkeit, daß ihnen giftsprühende Helikopter folgen werden und mit ihrer Fracht das hochsensible Ökosystem am Amazonas aus dem Gleichgewicht bringen und schließlich zerstören.

Schon seit einigen Jahren werden die Helikoptereinsätze nicht mehr von US-Piloten geflogen, sondern von Sicherheitsfirmen im Dienste der USA. »Outsourcing« ist Teil der neuen US-Militärstrategie in Lateinamerika: »Es gibt Unternehmen, die nicht nur zugunsten von

US-Interessen arbeiten, sondern sogar Teil der vom Verteidigungsministerium erarbeiteten Pläne sind. Diese Sicherheitsunternehmen sind zu einem integralen Bestandteil der Pläne und Operationen des Verteidigungsministeriums geworden«, erklärt ein US-Offizier in der »Military Review«.[85]

Allein in Kolumbien sind schätzungsweise 200 000 bis 300 000 Menschen in der *Kokain*industrie beschäftigt. Bezieht man die Nachbarländer Kolumbiens in die Schätzung ein, dann sind es mindestens eine Million Menschen. Die Fokussierung des »war on drugs« auf Kolumbien läßt außer acht, daß Bolivien trotz enormer militärischer Anstrengungen und der Umsiedlungsaktion in der Kokaprovinz Chapare noch lange nicht befriedet ist. Verzweifelte *campesinos,* denen man selbst den Anbau von Koka für den Eigenbedarf verbieten will, wehren sich unter großen Opfern gegen diese Bevormundung. Auch in Peru kehren die Kokabauern in jene Bergregionen zurück, aus denen sie die Gifteinsätze der Armee und der Hunger vertrieben hatten. Böte man ihnen allen eine Alternative, würden die meisten sie wohl akzeptieren, um der tödlichen Verfolgung zu Lande und aus der Luft zu entgehen. Die Staaten der Europäischen Union sind deshalb, was Kolumbien betrifft, entschlossen, Projekte einer alternativen Landwirtschaft zu fördern, anstatt die Militarisierung des Konflikts voranzutreiben. Der »Plan Colombia« sieht dafür 230 Millionen Dollar vor. Diese Summe ist so lächerlich gering, daß ein Scheitern der Projekte unvermeidlich ist. Entwicklungsexperten sprechen von einem Minimum von 20 Milliarden Dollar, die erforderlich seien, um landwirtschaftlichen Alternativprodukten auf Dauer eine Marktchance zu geben.

Auch in anderen lateinamerikanischen und asiatischen Staaten ist der Versuch, über zielgerichtete Entwicklungshilfe ein am Weltmarkt hochbewertetes Agrarprodukt gegen ein am Weltmarkt minderbewertetes Agrarprodukt zu tauschen, gescheitert. Originell an diesen Substitutionsbemühungen ist einzig, daß es jemand wagt, angesichts der Weltmarktsituation für Agrarprodukte aus den Ländern des Südens, einen so offenkundig sinnlosen Versuch überhaupt zu starten. Bauern, die sich auf das Angebot der Regierungen einließen, die ihre Kokasträuche und Mohnpflanzen ausrissen und Bohnen, Kartoffeln oder Mais anbauten, spürten schnell, daß der Deal sich nicht lohnte, sondern sie unversehens wieder in den Hunger trieb, dem sie als Koka- und Mohnpflanzer gerade entronnen waren.

2.4 *Organisierte Kriminalität wirkt von innen. Hätte die Mafia nicht ihre Referenten in der Politik, wäre sie nie zu ihrer Macht gelangt.*

Absehbar ist, daß der Krieg gegen das »Netzwerk des Terrors« den Charakter des »war on drugs« radikal verändern wird. Jede Aufstandsbewegung, jede mißliebige Guerilla wird zukünftig unter Terrorismus rubriziert, dem »Netzwerk des Terrors« zugeschlagen und mit Drogenhandel in Verbindung gebracht werden. Gegen »Narcoterroristen« loszuschlagen bedarf dann keiner besonderen Legitimation mehr. Nimmt man die Entschlossenheitsrhetorik der Bush-Administration beim Wort, dann wird in Zukunft konsequenter als bisher gegen den internationalen Drogenhandel vorgegangen werden, haben doch die US-Geheimdienste zu ihrer eigenen Überraschung herausgefunden, daß sich das »Netzwerk des Terrors« auch aus dem Handel mit Drogen finanziert. Die Interessenlage scheint eindeutig. Die Verknüpfung des Anti-Terror-Kampfes mit dem »war on drugs« ignoriert jedoch, daß unterhalb des von den Vereinigten Staaten angeführten Krieges gegen den Terror und unabhängig von diesem rund um den Globus alte und neue Konflikte weiterhin mit Waffengewalt ausgetragen werden.

Und überall werden, wie bisher, amerikanische Dienste involviert sein: »Konstante in nahezu allen Fällen, in denen die CIA im verdeckten Kampf gegen linksverdächtige Regierungen der Dritten Welt vorgegangen ist, war und ist die Teilhabe der putschenden Militäreliten, Söldner, Aufständischen in welcher Form auch immer an den Einnahmen aus dem weltweiten Rauschgifthandel«, schreibt Andreas von Bülow in seinem Buch *Im Namen des Staates. CIA, BND und die kriminellen Machenschaften der Geheimdienste.*[86] Andreas von Bülow, Parlamentarischer Staatssekretär beim Bundesminister für Verteidigung von 1976 bis 1980, ist davon überzeugt, daß Politik und Verwaltung der USA sich de facto mit den Drogenhändlern arrangiert haben. Rauschgifte sind, so von Bülow, das »Schmiermittel der Geopolitik«. Das wird auch in Zukunft so sein. Drogen als Zahlungsmittel im illegalen Waffenhandel und bei der Entlohnung von Söldnern im Dienste der USA werden an Kaufkraft nicht verlieren. Doch kann es, wie schon in Afghanistan, immer wieder zu Interessenkollisionen verschiedener Dienste kommen.

Alle relevanten Geheimdienste weltweit sind in diese »kriminellen Machenschaften« verwickelt. Die CIA ist mehr als nur verwickelt. Sie ist, zumindest phasenweise, das kriminelle System selbst, das zu bekämpfen sie vorgibt. Ihre Drogen-Connection reicht weit zurück in die Jahre des Vietnamkrieges, als eine CIA-eigene Fluggesellschaft *Heroin* aus Südostasien in den ausgeweideten Leichen amerikanischer Soldaten in die USA transferierte. Um die sandinistische Regierung Nicaraguas zur Aufgabe zu zwingen, beauftragte der damalige Präsident Ronald Reagan, als ihm der Kongreß die Mittel zur Bewaffnung der Contra-Banden verweigerte, die CIA mit der Beschaffung von Waffen. Die arrangierte einen *Kokain*-Deal in gigantischem Ausmaß und soll, wie eine US-Zeitung enthüllte, auch noch dafür gesorgt haben, daß der Stoff, zu *Crack* verarbeitet, in die USA gebracht wurde. Weder die für ihre kriminellen Energien bekannten britischen noch die nicht weniger brutalen französischen Geheimdienste werden mit vergleichbaren Operationen in Verbindung gebracht. Auch die Verwicklung des BND in fragwürdige Drogenoperationen ist vergleichsweise harmlos. Das könnte sich schon bald ändern.

Die Staaten der Europäischen Union geben sich fraglos alle Mühe, die Zufuhr von Drogen einzudämmen. Ihre Fahndungsbehörden haben von Zeit zu Zeit bemerkenswerte Erfolge vorzuweisen, wobei sie den Deal allzu häufig selbst erst eingefädelt haben. Bei aller Brisanz des Problems ist man sich jedoch in der politischen Klasse Europas wie auch in der Medienöffentlichkeit einig, daß die Europäische Union von lateinamerikanischen Verhältnissen weit entfernt ist. Dort hat sich die Drogenindustrie derart in alle gesellschaftlichen Strukturen eingefressen und in den Machtzentren etabliert, daß der Unterschied zwischen legalem und illegalem Sektor oft nicht mehr erkennbar ist. Panama unter Noriega war so ein Beispiel. Bolivien, dessen Militärdiktator die Soldaten, mit deren Hilfe er sich an die Macht geputscht hatte, aus der Drogenkasse entlohnte, ein anderes. Oder das Fujimori-Regime in Peru, das von Schutzgelderpressungen lebte und mit einem Geheimdienstchef, der tief in den Drogen- und Waffenhandel verstrickt war. In Mexiko reichte die Drogen-Connection bis in die Präsidentenfamilie. Und Kolumbiens neuer Präsident Alvaro Uribe, der Ende 2002, kurz nach Amtsantritt, ankündigte, die Milizen und Todesschwadronen legalisieren zu wollen und das Land mit einem Informantennetz zu überziehen, für das eine Million Kolumbianerinnen und Kolumbianer in einer Bürgerwehr rekrutiert werden sollen, gilt als Mann der neuen Herren im kolumbianischen Drogenhandel. Von solchen Verhältnissen scheint Europa tatsächlich weit entfernt.

Aber was ist mit der Türkei, wo eine ehemalige Ministerpräsidentin mit dem organisierten Verbrechen in

Verbindung gebracht wird? Was mit Italien, wo die Mafia unter Berlusconi eine Renaissance erlebt? Was ist mit der Schweiz, deren Bankensystem im Ruf steht, weltweit die größte Waschanlage für Drogengelder zu sein, wo gleich gegen mehrere Banken einschlägige Ermittlungen laufen? Auch in Deutschland, Österreich, Luxemburg und Belgien liefen und laufen entsprechende Ermittlungen gegen Großbanken und deren Ableger. Noch wurde kein europäischer Regierungschef überführt, Handlanger des organisierten Verbrechens zu sein – verdächtigt schon, aber nicht überführt. Die Wege, über die das organisierte Verbrechen Einfluß auf politische Entscheidungen nimmt, sind durchaus bekannt. Etwa in Italien, wo sich Mafiaführer, Richter, Rechtsanwälte, Kleriker, Geheimdienstleute, Journalisten, Unternehmer und Politiker in einer geheimen Loge zur Durchsetzung ihrer politischen und ökonomischen Interessen organisierten. Viele politische Parteien in den europäischen Parlamenten unterhalten schwarze Kassen. Wer füllt sie? Das System der Parteienfinanzierung ist ein Einfallstor für materiell unterfütterte Einflußnahmen. »Organisierte Kriminalität wirkt von innen. Hätte die Mafia nicht ihre Referenten in der Politik, wäre sie nie zu ihrer Macht gelangt«, sagte Leolucca Orlando im Gespräch mit der Schweizer *Wochenzeitung.*[87] Soweit es um die Interessen der Drogenhändler geht, haben jene Parteien Chancen, begünstigt zu werden, die zu erkennen geben, daß sie an der bisherigen Drogenpolitik und damit an der Prohibition festhalten werden. Da genügt schon eine Absichtserklärung. Gäbe es eine Börse für illegale Güter und würden *Heroin* oder *Kokain* unter den Bedingungen der Markwirtschaft dort gehandelt, würde jede entsprechende Erklärung einer an der Macht beteiligten politischen Partei genügen, die Kurse nach oben zu treiben.

Bisher gehörte es nicht zur außenpolitischen Strategie der Europäischen Union, offen mit kriminellen Drogen- und Waffenhändlern zu kooperieren, um übergeordnete politische oder militärische Ziele durchzusetzen, mögen sich einzelne westeuropäische Geheimdienste auch auf noch so fragwürdige Kooperationen eingelassen haben. Dieses Berührungstabu machte den Unterschied zur drogenpolitischen Strategie der USA aus. Doch das Tabu – unverzichtbar, um dem »war on drugs« wenigstens einen Hauch von moralischer Legitimation zu verleihen – ist längst gebrochen, nicht nur in den USA, sondern auch in Europa, wo der Krieg im Kosovo und die Kooperation mit der UCK der Tabubruch waren. Obwohl die führenden Geheimdienste des Westens unisono die UCK mit Drogenhandel in Verbindung brachten und die von der UCK kontrollierten Gebiete als Ruheraum des organisierten Verbrechens galten, wurden die albanischen »Freiheitskämpfer« von den Geheimdiensten der USA mit Waffen versorgt und gleichzeitig von der politischen Klasse Westeuropas schrittweise entkriminalisiert und als Bündnispartner gegen die jugoslawische Zentralregierung aufgebaut. Sogar die »Frankfurter Allgemeine Zeitung« wunderte sich über diese Waffenbrüderschaft: »Auch Waffen wurden von den Amerikanern geliefert. Dabei wußten diese (wie schon früher im Fall der afghanischen Mudschaheddin), daß die UCK sie auch mit aus dem Rauschgifthandel stammenden Dollars bezahlt hatte.«[88]

Auf dem Balkan könnte sich wiederholen, was sich 1943 auf Sizilien bei der Landung der US-Truppen zutrug. Um ihre Landungsoperationen abzusichern, bedienten sich die amerikanischen Geheimdienste der Ostküsten-Mafia, die über Kuba und Mexiko den US-Markt mit Drogen belieferte und den Handel in den großen Städten unter Kontrolle hatte. Die bevorstehende Landung auf Sizilien und die Eroberung Italiens bot der New Yorker Mafia eine günstige Gelegenheit, sich nützlich zu machen und ihren Patriotismus unter Beweis zu stellen. Die Geheimdienste nahmen das Angebot an. Sie rekrutierten Dolmetscher und ortskundige Späher aus dem Umfeld der Mafia. Im Gegenzug wurden inhaftierte Mafiabosse »aus den Gefängnissen entlassen und kehrten als Ratgeber auf den Schiffen der US Army nach Sizilien und Italien zurück«.[89] Es war ein Geben und ein Nehmen sehr zum Nutzen der Mafia, die hinter der nach Norden vorrückenden Frontlinie ihr kriminelles Netzwerk aufzog und von der Nachkriegszeit an bis heute zu einem Bestimmungsfaktor des politischen und gesellschaftlichen Lebens in Italien wurde. Unter der Regentschaft von Silvio Berlusconi hat »das alte System, die Symbiose von organisiertem Verbrechen, Geld und Regierenden, die Geschicke erneut fest in der Hand – mit mächtigeren Statthaltern«,[90] schreibt Oliver Fahrni, ein Kenner der italienischen Verhältnisse.

In Albanien und in den Staaten um Albanien herum findet das organisierte Verbrechen genau jene sozialen Verhältnisse vor, welche die italienische Mafia zu einem Machtfaktor weit über die Grenzen Italiens hinaus werden ließen: patriarchalische Machtstrukturen, Orientierung an der Familienehre und die Bevorzugung des Clans. Sollte sich die US Army aus der Krisenregion »davonstehlen«, dann bestehe die Gefahr, daß sich der Kosovo zu einem »Flugzeugträger der organisierten Kriminalität mitten in Europa« entwickle, warnte der UN-Beauftragte für den Kosovo, Michael Steiner, anläßlich seines Antrittsbesuches in Washington im März 2002.[91] In einem Zeitungsinterview bestätigt Slobodan Casule, Außenminister Mazedoniens, diese Warnungen: »Was wir nun haben in unserem Land, ist ein albanischer Bürgerkrieg. Das sind Leute, die keine Stabilität wollen, weil es dann keinen Raum mehr gibt für Drogengeschäfte oder Waffenschmuggel.«[92]

Wenn man den Kampf gegen diese Strukturen nicht aufnehme, »könnten die Balkanstaaten zu einer Region werden, in der die kriminellen Kartelle – ähnlich wie in Lateinamerika – die Macht übernehmen«,[93] befürchtet auch Genc Ruli, Leiter eines Instituts zur Erforschung der albanischen Zeitgeschichte. Die Kriminalitätsentwicklung in den von der NATO »befreiten« Balkanstaaten ist so alarmierend, daß die Europäische Union mit einer Kürzung der Wiederaufbauhilfe droht, wenn es nicht gelinge, die Korruption einzudämmen, den Menschenhandel zu unterbinden und den Schmuggel von Drogen und Zigaretten zu verhindern. Nur »eine neue, von der Vergangenheit unbelastete Politikergeneration«, die bereit sei, gegen das balkanesische Bandenwesen entschlossen vorzugehen, sei in der Lage, den wirtschaftlichen Aufbau zu garantieren. Dabei will die Europäische Union behilflich sein. Eine Anfang 2003 eigens für die Region zusammengestellte Mission von Polizeiexperten soll die regionalen Polizei- und Fahndungsbehörden im Kampf gegen das organisierte Verbrechen verstärken.

Auch die US-Regierung ist gewillt, diesen Kampf zu intensivieren. Er ist Teil der neuen »Sicherheitsarchitektur« nach den Ereignissen des 11. September 2001. Berater der Bush-Administration befürchten nämlich ein »Bündnis zwischen terroristischen Organisationen, Drogenhändlern und organisiertem Verbrechen, eine tödliche Symbiose, die lebenswichtige Elemente der westlichen Zivilisation zerstört«.[94] Um dieser Gefahr zu begegnen, sind die USA entschlossen, das organisierte Verbrechen auch mit militärischen Mitteln zu bekämpfen. Es ist davon auszugehen, daß sich die NATO diese Sichtweise zu eigen machen wird. Die Staaten der

Europäischen Union, soweit sie der NATO angehören, geraten damit, wenn sie am Grundsatz der Kriminalitätsbekämpfung durch Polizei und Justiz festhalten wollen, auch in der Drogenfrage in Widerspruch zur US-amerikanischen Anti-Terror-Strategie, die auf militärische Konfliktlösungen setzt – gegebenenfalls auch präventive.

3

3.1 *Der bequemste Weg, sich der Diskussion über Sinn und Unsinn der Drogenprohibition zu entziehen, ist der Hinweis auf bestehende internationale Verträge, die es einzuhalten gelte.*

Drogen unter bestimmten Bedingungen zu legalisieren ist zuallererst eine politische Entscheidung. Ist die einmal gefallen, bedarf es nur noch einer rechtstechnischen Anpassung an das Straf- und Zivilrecht.

Nicht nur politisch, auch rechtlich steht die internationale Drogenpolitik auf einem brüchigen Fundament. So hält der Bremer Kriminologe Lorenz Böllinger eine Revision des Betäubungsmittelrechts nicht nur aus politischen, sozialen und ökonomischen, sondern auch aus verfassungsrechtlichen Gründen für dringend geboten. Anläßlich einer Expertenanhörung der SPD-Bundestagsfraktion im September 1992 kam Böllinger zu dem Ergebnis, das Drogenstrafrecht und die Drogenpolitik auf der Grundlage des herrschenden Abstinenz-Paradigmas verstoße gegen die Verfassung. »Eine grundlegende Revision in Richtung auf Akzeptanz von Drogengebrauch ist nicht nur kraft wissenschaftlicher Evaluation, sondern auch verfassungsrechtlich geboten.«[95]

Böllingers Argumentation ist leicht nachvollziehbar, weil er auf juristische Spitzfindigkeiten verzichtet und sich an die Essentials des Rechtsstaats hält. Er hebt hervor, daß die Verfassungsordnung auch das Recht des Bürgers auf Selbstschädigung schütze – einmal unterstellt, was Prohibitionsbefürworter zu tun pflegen, der Konsum von Drogen sei a priori selbstschädigend. »Jede entmündigende staatliche Maßnahme gegenüber dem willensfreien, selbstverantwortlichen und psychisch intakten sowie nicht unmittelbar sozialschädlich sich verhaltenden Bürger ist verfassungswidrig.«[96] Böllinger kritisiert auch die von den staatlichen Strafverfolgungsbehörden übernommene Rolle, sich als »unmittelbare Kampfpartei im Drogenkrieg« zu definieren. Diese vernetzte, international agierende Drogenkontrollmacht habe sich verselbständigt. »Dadurch entsteht die Gefahr eines ›Staates im Staate‹, einer ›mafiosen‹ Verfilzung von Drogenhandel, Polizei, Politik und Wirtschaft, welche unsere demokratische Grundordnung bedroht.«[97] Nichts anderes sagt auch der Suchtstoffkontrollrat der Vereinten Nationen, INCB, in seinen jährlichen Berichten, wenn er, unter Hervorhebung von Osteuropa und die Staaten der früheren Sowjetunion, den internationalen Drogenhandel als Bedrohung für die ökonomischen, finanzwirtschaftlichen und politischen Strukturen ganzer Staaten und Gesellschaften bezeichnet, ohne dabei aber zu erkennen, daß das von den Vereinten Nationen errichtete Prohibitionsdogma dafür verantwortlich ist.

In seiner Studie *Polizeiliche Drogenbekämpfung – eine internationale Verstrickung* kritisiert auch der Politikwissenschaftler Heiner Busch die polizeiliche Verfolgungsstrategie, die »das ›Drogenproblem‹ aus seinem sozialen, ökonomischen, kulturellen und psychischen Kontext herausgerissen und auf ein ›jeu à deux‹ reduziert hat, auf einen Zweikampf zwischen internationalen, technisch und wirtschaftlich versierten Kriminellen einerseits und einer mit geeigneten Instrumenten ausgestatteten bzw. auszustattenden Polizei anderseits«.[98] Bei der »operativen« Bekämpfung des internationalen Drogenhandels sei der nationalstaatliche Radius der Polizei zugunsten internationaler Kooperation aufgehoben worden. Die zuständigen UN-Gremien, aber auch die mit dem Kampf gegen Drogen befaßten Polizeien wie Europol oder Interpol seien praktisch von Kontrollen freigestellt. In kaum einem anderen Bereich, resümiert Busch, seien die USA und die westlichen Staaten ähnlich erfolgreich bei der weltweiten Durchsetzung ihres Politikansatzes.

Eine der rechtsstaatlich schädlichsten Nebenwirkungen der Drogenpolitik ist die schrittweise Entwertung des Prinzips der Unschuldsvermutung. Der von den Medien der Freien und Hansestadt Hamburg im Frühjahr 2002 inszenierte Skandal um einen rechtspopulistischen Innensenator ist dafür ein Lehrstück. Von der Redaktion eines überregionalen Fernsehmagazins wurde ein optisch wie akustisch anonymisierter Zeuge präsentiert, der beobachtet habe, wie der Senator »ein weißes Pulver aus einem blauen Keramikdöschen« aufs Zahnfleisch gerieben hätte. Das konnte, wurde insinuiert, nur *Kokain* sein. Anstatt nun zu sagen: »Und wenn es so wäre, wen geht das was an?«, stiegen die Printmedien – auch die überregionalen – voll ein. Gerüchte wurden in Umlauf gebracht und die Geschichte so weit vorangetrieben, bis der Innensenator der Aufforderung einiger Presseorgane folgte und einen Haartest durchführen ließ. Nach dem des *Kokain*konsums verdächtigten Fußballtrainer Christoph Daum unterzog sich damit erneut eine öffentliche Person unter dem Druck der Medien einem freiwilligen Drogentest.

Während die Öffentlichkeit mit der Frage beschäftigt war »Hat er, oder hat er nicht?«, kündigte der neue Senat als drogenpolitische Sofortmaßnahme an, alle Spritzenautomaten aus den Haftanstalten entfernen zu lassen. Dieser Skandal blieb im allgemeinen Trubel um den tatsächlichen oder vermeintlichen *Kokain*konsum des Innensenators nahezu unbeachtet. Dabei gilt als wissenschaftlich erwiesen, daß die konsequente Benutzung von Einwegspritzen das Risiko einer Hepatitis oder HIV-Infektion deutlich verringert. Suchtkranken Strafgefangenen diese Möglichkeit des Selbstschutzes zu entziehen, stellt einen Verstoß gegen die Menschenrechte dar, was den Hamburger Senat aber nicht weiter beeindrucken muß, denn wer beim skrupellosen Einsatz von Brechmitteln gegen den Rat der organisierten Ärzteschaft den Tod von Kleindealern billigend in Kauf nimmt, hat auch kein Problem damit, Fixern saubere Spritzen zu verweigern und damit wissentlich zur Ausbreitung von gefährlichen Viren unter drogenabhängigen Strafgefangenen beizutragen. Hier hätte die Kritik an Hamburgs Innensenator und dessen Gefolgsleuten im Senat anzusetzen. Gegen eine Medienkampagne, die, gestützt auf anonyme Zeugen, den Innensenator inquisitorisch auffordert, sich wegen seiner privaten Konsumgewohnheiten einem Haartest zu unterziehen, um seine »Unschuld« zu beweisen, ist der Senator in Schutz zu nehmen. Auch für einen Politiker seines Schlages gilt das Prinzip der Unschuldsvermutung.

Der bequemste Weg, sich der Diskussion über Sinn und Unsinn der Drogenprohibition zu entziehen, ist der Hinweis auf bestehende internationale Verträge, die es einzuhalten gelte. Auch die Drogenbeauftragte der Bundesregierung verwies in einer ihrer programmatischen Reden auf die Fesseln internationaler Abkommen, die eine andere als die von der Bundesregierung praktizierte Cannabispolitik nicht erlaubten. Diese Behauptung ist unhaltbar, wie das Beispiel der Schweiz und verschiedener EU-Staaten belegt. Sie alle haben die entsprechenden UN-Konventionen unterzeichnet und gehen – trotz permanenter Kritik des Suchtstoffkontrollrates und trotz intensiven Drucks seitens der USA – einen Weg, der in eine Liberalisierung der Cannabispolitik und die

Entkriminalisierung des Cannabiskonsums führen wird. Früher oder später.

Lösungsmodelle, wie sie hier diskutiert werden, sind, das ist klar, nicht vereinbar mit den einschlägigen UN-Konventionen, deren Ziel es ist, die Verwendung von Betäubungsmitteln und psychotropen Stoffen auf die medizinische und wissenschaftliche Nutzung zu beschränken. Während die Drogenkonventionen von 1961 und 1971 einen gewissen Interpretations- und Handlungsspielraum lassen, verlangt die Konvention von 1988 ausdrücklich, den Besitz, Erwerb und Anbau illegaler Betäubungsmittel für den persönlichen Gebrauch zu bestrafen. Da gibt es nichts zu interpretieren. Wer Cannabis, und erst recht, wer *Heroin* und *Kokain* legalisieren will, muß entschlossen von den Drogenkonventionen der UN abrücken. Das setzt die Bereitschaft zu einem Konflikt mit den Vereinten Nationen und mehr noch mit den Vereinigten Staaten von Amerika voraus. Die Europäische Union sollte den von der gegenwärtigen US-Regierung systematisch betriebenen Bruch internationaler Vereinbarungen und Verträge als Chance begreifen, ihrerseits die Drogenpolitik der Vereinten Nationen in Frage zu stellen, sie auf den Wissens- und Erkenntnisstand der internationalen Diskussion zu bringen und bestehende Verträge und Konventionen zu kündigen beziehungsweise neu zu verhandeln.

Veränderungsdruck kann nur von außen kommen und nicht aus dem Inneren des Kontrollapparats selbst. Der tut nur, womit er von der Vollversammlung beauftragt wurde. Er registriert, archiviert und kommentiert Bewegungen am Weltdrogenmarkt. Stimmt die Drogenpolitik eines Signatarstaates nicht überein mit den UN-Drogenkonventionen, übt der Kontrollrat Kritik an der laschen Haltung der jeweiligen Regierung und gibt

Empfehlungen zur Optimierung des Kontrollsystems. Im wahnhaften Vertrauen auf die Wirksamkeit dieses Systems erweisen sich die Autoren des jährlichen Reports als resistent gegenüber jeder Kritik von außen. Den Kontrollauftrag grundsätzlich in Frage zu stellen und das Scheitern der UN-Drogenkriegsstrategie einzugestehen gehört eben nicht zum Auftrag des von den Vereinten Nationen installierten und in Wien ansässigen Kontrollgremiums.

Von Jahr zu Jahr harscher wird der Ton, den der Kontrollrat gegenüber der Schweiz, den Niederlanden und anderen EU-Staaten anschlägt, die ihre Drogenpolitik lockern und von der Repressionslinie abzuweichen beginnen. Eine Überschrift der »Neuen Zürcher Zeitung« bringt die Auffassungsunterschiede auf den Punkt: »Uno tadelt, Europarat lobt«.[99] Die Politik der getadelten Länder sei geprägt von einer »Kultur der Toleranz«, empören sich die Kontrolleure, die das »zero tolerance«-Dogma, an dem die Drogenpolitik der USA sich orientiert, so verinnerlicht und zum globalen Maßstab erhoben haben, daß ihnen jedes Verständnis für abweichende Rechtsauffassungen abhanden gekommen ist. Darauf verweist auch die Regierung der Niederlande, wenn sie selbstbewußt herausstellt, ihre Drogenpolitik sei das Ergebnis einer grundlegend anderen »Auffassung von der Aufgabe des Staates hinsichtlich des Konsums riskanter Stoffe durch erwachsene Bürger«.[100]

Diese grundlegend andere Auffassung steht für einen »clash of civilization«, der Westeuropa nicht nur in der Haltung zur Todesstrafe, sondern auch in der Ausrichtung seiner Drogenpolitik von den USA trennt. Dort ist man an den Vereinten Nationen nur so lange interessiert, wie diese die nationalen Interessen der USA bedienen. Überstaatliche Interessen wie Menschenrechte und demokratische Ideale sind nationalen Interessen gegebenenfalls unterzuordnen. So liegt die Drogenpolitik des Iran, wo Dealer beziehungsweise Konsumenten bereits wegen des Besitzes von fünf Gramm *Heroin* hingerichtet werden, ganz auf der Linie des von den Vereinigten Staaten vorgegebenen und von den Vereinten Nationen adoptieren Null-Toleranz-Dogmas. Brutaler Zwangsentzug, wie er in China praktiziert wird, findet im Report des Suchtstoffkontrollrates ebensowenig Erwähnung wie Massenexekutionen, die im Iran und in der Volksrepublik China als Maßnahmen zur Volkserziehung öffentlich zelebriert werden.

Daß es der Kontrollbehörde in den Jahren und Jahrzehnten der Drogenprohibition nicht gelungen ist, die Handelswege zu unterbrechen, den Verkehr mit illegalen Suchtstoffen zu unterbinden und die legalen von den illegalen Warenströmen zu trennen, sei auf die Öffnung von Grenzen und die Beseitigung von Handelsbeschränkungen zurückzuführen, wie auch der gescheiterte Versuch, mit Hilfe von Zoll, Polizei und Militär den Handel mit chemischen Grundstoffen, die zur Herstellung von *Heroin*, *Kokain* und synthetischen Drogen benötigt werden, zu verhindern. Das leuchtet ein. Aber nicht nur die Öffnung von Landesgrenzen, sondern auch der Wegfall der Systemgrenzen hat dem organisierten Verbrechen neue Handlungsräume eröffnet und das System der Geldwäsche enorm erweitert. Nach wie vor gilt die Überführung von in der Illegalität erwirtschafteten Profiten in die Legalität des internationalen Bankensystems als eine Schwachstelle des organisierten Verbrechens.

Der Untergang der Sowjetunion und der staatssozialistischen Gesellschaften Osteuropas hat das internationale Bankensystem um einen Typus von Banken bereichert, die vom ersten Geschäftstag an gleichermaßen in der Legalität wie in der Illegalität aktiv waren. Wie schon in der Gründungsphase der USA bilden auch in der Gründungsphase des russischen Kapitalismus unternehmerische und kriminelle Energien eine schwer durchdringbare Einheit. Das und die Bereitschaft, bei der Durchsetzung ihrer Interessen auch Gewalt anzuwenden, macht die Umsatz- und Kapitalstärke der russischen »Bruderschaften« im Wettbewerb mit anderen Gruppen der organisierten Kriminalität aus.

Erst Ende der 1990er Jahre begann dem Wiener Kollegium zu dämmern, daß sich mit dem Internet eine neue Technologie durchgesetzt hat, die ihren Kontrollanspruch noch schwerer durchsetzbar macht, als er es ohnehin schon war. Unter der Überschrift »Globalisierung und neue Technologie: Herausforderungen für die Drogenbekämpfung im 21. Jahrhundert« befaßt sich der Bericht von 2001 ausführlich mit der neuen Lage. Die Kontrolleure müssen einräumen, daß sich das Internet zu einem effektiven Hilfsmittel bei der Herstellung und beim Vertrieb illegaler synthetischer Drogen entwickelt hat. Der Austausch von chemischen Bauplänen zur Herstellung von Designerdrogen findet offen im Internet statt, wo auch die entsprechenden Substanzen und Laborausrüstungen geordert werden können. Auch die Methoden des *indoor*-Anbaus von Cannabis werden, verbunden mit einem einschlägigen Angebot an technischen Hilfsmitteln, im Internet lang und breit diskutiert. Aber nicht nur der Handel von Rohstoffen und Accessoires zur Herstellung illegaler Drogen bereitet den Kontrolleuren Sorge, sie müssen auch einen schwunghaften Handel mit legalen, jedoch verschreibungspflichtigen Drogen in Internet-Apotheken registrieren. Die Beschleunigung des Warenverkehrs unter Einsatz weltweit operierender Kurierdienste läßt nur noch stichprobenartige Kontrollen zu. Entsprechend niedrig ist die Trefferquote. Die Kontroll- und Verfolgungsbehörden müssen erleben, wie die interne Kommunikation der Händler an ihnen vorbeiläuft, weil Deals in durch sogenannte *firewalls* abgeschottete Chatrooms verabredet, weil Geschäfte über Mobiltelefone mit anonymen Prepaid-Karten abgewickelt werden. Internet-Cafés sind ein bevorzugter Ort zur Anbahnung von Drogengeschäften. Und selbstverständlich wird auch der Zahlungsverkehr über das Netz abgewickelt.

Der Kontrollrat zeigt sich besorgt »über die wachsende Benutzung elektronischer Hilfsmittel bei Geldtransfers zusammen mit einem massiven Anwachsen des Umfangs und der Geschwindigkeit« der Geldbewegungen.[101] Zwar ist Bargeld noch immer bevorzugtes Zahlungsmittel bei der Abwicklung eines Drogendeals, doch ist zu beobachten, daß sich mit der Entstehung eines globalen Aktien- und Wertpapiermarkts neue und noch schwerer kontrollierbare Zahlungs- und Verrechnungsmöglichkeiten aufgetan haben. Das alles und noch viel mehr ist im Jahresbericht 2001 des Suchtstoffkontrollrates der Vereinten Nationen nachzulesen. Und wie immer, als wären sie mit ihrer Verbotspolitik nicht längst gescheitert, geben sich die Autoren überzeugt davon, auch diese Probleme in den Griff zu bekommen, wenn es nur gelänge, den elektronischen Vorsprung krimineller Organisationen aufzuholen und wenigstens auszugleichen.

Permanente Nachrüstung liegt in der Logik eines Apparats, dessen Repräsentanten an der Zielvorgabe, Drogen als Genußmittel zu eliminieren, festhalten, mögen sie dabei auch von einer Produktwelle nach der anderen überrollt werden. Energisch stemmen sie sich gegen jeden Versuch, Drogen als Teil der globalen Warenwelt zu sehen und folglich die *user* von Drogen als Konsumenten zu betrachten. Streng weist Hamid Ghodse, Präsident des International Narcotics Control

Board, in seinem Vorwort zum Bericht von 2001 auf die einmal vereinbarte Sprachregelung hin: »Drogenmißbraucher sind deshalb, per Definition, weder Konsumenten noch Benutzer, und Drogen und andere bewußtseinsverändernde Substanzen (›mind-altering substances‹) sind keine Konsumgüter. Es ist wichtig, jedem Versuch, die Ernsthaftigkeit des Drogenmißbrauchs zu verringern, zu trivialisieren oder gar zu ignorieren, indem man Drogenmißbrauch Drogengebrauch oder Drogenkonsum nennt, energisch entgegenzutreten.«[102] Der autoritäre Tonfall läßt ahnen, welche Widerstände im Apparat der Vereinten Nationen auf dem Weg zu einer Drogenpolitik der praktischen Vernunft zu überwinden sind.

Auch wenn man an der Idee eines allgemeinen Rechts, das über den egoistischen Interessen einer einzelnen Nation steht, aus Überzeugung festhalten will, wäre es naiv, die Vereinten Nationen, so wie sie sich derzeit präsentieren, als unantastbare, über allen Interessengegensätzen schwebende Instanz zu betrachten, die den politischen Willen aller Mitgliedsstaaten ausdrückt und die Interessen aller fair ausgleicht.

Wie fragil und störanfällig das Konstrukt der Vereinten Nationen tatsächlich ist, wurde im Vorfeld des Krieges gegen den Irak so deutlich wie vielleicht nie zuvor. In der Drogenfrage haben die USA nicht nur ihren Willen und ihre Interessen auf ganzer Linie durchgesetzt, sie haben dabei auch alle ihr zur Verfügung stehenden Druckmittel eingesetzt, um Abweichler auf Linie zu bringen. Europäische Staaten wie die Niederlande, die Schweiz und die Bundesrepublik Deutschland werden zwar, wie auch lateinamerikanische und südostasiatische Staaten, wegen ihrer abweichenden Politik politisch unter Druck gesetzt, doch anders als diesen droht ihnen nicht der Entzug von Handelsvergünstigungen, die Streichung der Entwicklungshilfe oder der Einsatz von US-amerikanischen Spezialtruppen im Rahmen des »war on drugs«. Die Initiative zu einem Kurswechsel der internationalen Drogenpolitik kann also nur von solchen Staaten ausgehen, die dem Druck der USA standzuhalten vermögen. Würde die Europäische Union die Initiative zur Aufhebung der Prohibition ergreifen, wären die Vereinigten Staaten gezwungen nachzuziehen. Andernfalls würden sich alle Aktivitäten der Drogenhändler auf den einzig verbliebenen, illegalen Hartwährungsmarkt konzentrieren. Das Land würde von einer Angebotslawine überrollt werden.

Ausdrücklich erinnern die Autoren des Cannabisberichts der Eidgenössischen Betäubungsmittelkommission daran, daß die vertraglichen Verpflichtungen der Signatarstaaten nur im Rahmen »ihrer Verfassungsgrundsätze und der Grundzüge ihrer Rechtsordnung«[103] bestehen. Dieser Handlungsspielraum ist zu nutzen, notfalls auch gegen den Widerstand der UN beziehungsweise der USA. Die Bevölkerung der Schweiz setzt mehrheitlich »eher auf eine Autonomie der Schweiz in Drogenfragen«, wie die Autoren der Studie *Cannabis auf der Schwelle zum legalen Rauschmittel*[104] herausfanden.

Selbstbewußtsein und Autonomie in der Drogenfrage sollte auch die Union europäischer Staaten für sich beanspruchen, denn »die Dominanz der USA innerhalb der UN ist«, wie der UN-Experte Andreas Zumach schreibt, »kein unveränderliches Naturgesetz. Sie ist nur möglich, soweit und solange sie von den anderen Uno-Staaten zugelassen wird.«[105] Doch von einem selbstbewußten Widerstand gegen die herrschende UN-Drogenpolitik war auf der 46. Tagung der Kommission, die im April 2003 in Wien stattfand, nichts zu spüren, obwohl die Halbzeitbilanz der UN-Drogenaktionsprogramme einmal mehr das Scheitern der gesamten Strategie dokumentierte. In ihrer Ergebenheitsadresse an die Konferenz mußte die Drogenbeauftragte der deutschen Regierung »realistischerweise eingestehen, daß das globale Ziel der Vereinten Nationen von 1998, bis zum Jahre 2008 eine drogenfreie Welt zu schaffen, nicht erreicht werden kann«. Anstatt die Gelegenheit zu nutzen, die »realistischerweise« schwachsinnige Zielsetzung einer »drogenfreien Welt« zurückzunehmen, versichert sie den Konferenzteilnehmern: »Es ist aber nach wie vor wichtig, sich diese Ziele zu setzen.« Um der vom Suchtstoffkontrollrat an der deutschen Drogenpolitik wegen der Einrichtung von Fixerräumen geübte Kritik zu begegnen, betont die deutsche Drogenbeauftragte, wie schon vor ihr die Eidgenössische Betäubungsmittelkommission, daß die UN-Konventionen »unter einem nationalen Verfassungs- und Gesetzesvorbehalt« stehen. Im übrigen aber seien die drei internationalen Suchtstoff-Konventionen auch heute noch eine grundsätzlich geeignete Basis »für eine moderne Drogenpolitik«. Deshalb gehe es nicht darum, »eine völlig neue Drogenpolitik zu entwerfen, sondern die vorgegebenen Ziele beharrlich zu verfolgen«.[106]

3.2 *Am Beispiel von Cannabis lassen sich die Möglichkeiten einer Legalisierungspolitik, die dem Prinzip der Schadensminimierung folgt, am besten illustrieren. Hier ist die Diskussion am weitesten fortgeschritten, und hier ist die gesellschaftliche Bereitschaft, einen Kurswechsel zu akzeptieren, am weitesten entwickelt.*

Aus didaktischen Gründen empfiehlt es sich, die Cannabislegalisierung getrennt von der *Heroin-* und *Kokain-*legalisierung zu behandeln, auch wenn die Unterscheidung zwischen harten und weichen Drogen unter dem Gesichtspunkt einer Legalisierung sachlich nicht begründet ist. Juristisch mag sie sich bewährt haben, hat sie doch manchen Cannabiskonsumenten, der mit der Polizei und Staatsanwaltschaft kollidierte, vor Strafe bewahrt. Doch wird in allen drogenpolitischen Szenarien, die von verschiedenen Parlamentskommissionen der Schweiz in den 1990er Jahren vorgelegt wurden, zu Recht auf die »Unzweckmäßigkeit« der Unterscheidung hingewiesen. Denn die Risiken des Konsums, heißt es zusammenfassend im Kommissionsbericht von 1999, seien »nicht an die Substanz an sich gebunden, sondern an deren Konzentration, an die Regelmäßigkeit und an die Intensität des Konsums. Auch die Gefahr einer Abhängigkeitsbildung wird nicht nur durch die Substanz, sondern auch durch die Person, ihr Umfeld und ihr Konsumverhalten bestimmt«.[107] Um alle Risikofaktoren soweit wie nur irgend möglich auszuschalten, müsse eine ungehinderte wirtschaftliche Nutzung der psychotropen Eigenschaften von Cannabis verhindert werden. Deshalb sei nach Möglichkeiten zu suchen, »die industrielle Massenproduktion zu unterbinden und Marktkontrollen einzuführen«.[108]

Am Beispiel von Cannabis lassen sich die Möglichkeiten einer Legalisierungspolitik, die dem Prinzip der Schadensminimierung folgt, am besten illustrieren. Hier ist die Diskussion am weitesten fortgeschritten, und hier ist die gesellschaftliche Bereitschaft, einen Kurswechsel trotz aller Horrorpropaganda zu akzeptieren, am weitesten entwickelt.

Heute plädiert mehr als die Hälfte der Bevölkerung der Schweiz und Deutschlands für einen toleranten Umgang mit Cannabis. Ähnliche Ergebnisse erbrachten auch Befragungen in anderen westeuropäischen Ländern. Kein Wunder, haben doch, wie eine im Sommer 2002 in Brüssel veröffentlichte Studie zeigt, dreißig Prozent aller EU-Bürger schon einmal Cannabis konsumiert. Bei der Bewertung der Droge fallen die geschlechtsspezifischen Unterschiede auf. In ihrer Studie *Cannabis auf der Schwelle zum legalen Rauschmittel* haben Müller, Fahrenkrug und Müller herausgearbeitet, daß Männer toleranter gegenüber dem Gebrauch von Cannabis sind als Frauen. Die Autoren vermuten, daß »Frauen als Hüterinnen des Nachwuchses und gesundheitlicher Werte«[109] eher vorsichtig mit Drogen allgemein umgehen. Auch seien, so die Studie, jüngere Menschen Cannabis gegenüber toleranter als ältere; je gebildeter sie sind, desto höher ihre Toleranz. »Hoher Bildungsgrad und Liberalität in den Einstellungen zu gesellschaftspolitischen Fragen gehen oft zusammen«, kommentieren die Autoren, die auch einen Zusammenhang herstellen zwischen dem Bildungsgrad und der Neigung, auf Abschreckung und Verbote zu setzen. Eine Mehrheit glaube nicht an den Abschreckungseffekt des Verbots. Knapp ein Drittel der Befragten verharre jedoch im falschen Glauben an die Alltagstheorie »Angst durch Strafe schafft Gehorsam«. Am ehesten sei dieser Irrglaube bei »tieferen Bildungsschichten« anzutreffen.

Günter Amendt

Wenn die Eidgenössische Kommission für Drogenfragen in Übereinstimmung mit der Mehrheit aller
Fachleute lapidar feststellt, »daß sich der Cannabiskonsum durch Prohibition nicht verhindern läßt«,[110] dann
läge es nahe, das Verbot einfach aufzuheben und die
Droge als gewöhnliches Konsumgut zu behandeln, dessen Herstellung und Vertrieb nach den Regeln einer frei-
en Marktwirtschaft keiner besonderen Genehmigung
bedarf oder Einschränkung unterliegt. Das wäre das
zweifellos radikalste Modell zur Lösung des sogenannten Cannabisproblems. Milton Friedman, Cheftheoreti-
ker des Neoliberalismus, will dieses Modell gar auf alle
illegalisierten Drogen übertragen. Er versichert, daß die
Risiken der von ihm propagierten Politik des Laissez-
faire beherrschbar und folglich vertretbar seien. Diese
Überzeugung wird von den meisten Fachleuten nicht
geteilt. Mit den unterschiedlichsten Begründungen verlangen sie nach staatlichen Rahmenbedingungen, um die
absehbaren wie die unabsehbaren Risiken für den Fall
einer Legalisierung zu verringern.

Nach fast einem Jahrhundert Drogenprohibition
sind die Folgen einer alternativen Politik, die das Verbot
aufheben will, nicht ohne weiteres vorauszusehen.
Erfolgreich wird nur das Legalisierungsmodell sein,
welches das legitime Interesse der Gesellschaft, den
Handel zu regulieren, um die Risiken so gering wie
möglich zu halten, in Einklang bringt mit dem legitimen
Interesse der Konsumenten an einem sauberen Produkt,
an einem breiten Angebot, an angemessenen Preisen und
an einer kompetenten Beratung. Die Konsumentinnen
und die Konsumenten werden den Kontroll- und Regu-
lierungsanspruch des Staates nur dann und nur so lange
akzeptieren, wie er praktisch umsetzbar und logisch
nachvollziehbar ist. Das von einigen Experten ange-
dachte Kontrollmodell, welches die Mengen begrenzen

und die Konsumenten zwingen will, sich beim Kauf von Cannabisprodukten registrieren zu lassen, hat genau deswegen keine Chance, akzeptiert zu werden. Im Gegenteil, dieses Modell schafft Anreize, einen parallelen Markt aufzuziehen. Wer die Registrierungsauflage des Staates umgehen will, wird entweder am Schwarzmarkt nachfragen oder auf Eigenanbau umstellen. Trotzdem macht es Sinn, eine Höchstmenge für jeden Kauf festzulegen, auch wenn es sich dabei nur um einen symbolischen Akt handelt.

Praktisch nicht durchführbar und logisch nicht nachvollziehbar ist die in der Schweiz beabsichtigte Fixierung des Jugendschutzalters auf 18 Jahre. Unbestritten ist nach Auffassung aller Experten, daß eine Schutzklausel zu den unverzichtbaren staatlich gesetzten Rahmenbedingungen der Cannabislegalisierung gehört, obwohl jeder weiß, wie schwierig es bereits ist, das Ausschankverbot von Alkohol an Jugendliche unter 16 Jahren durchzusetzen. Die nun vorgesehene Festlegung des Jugendschutzalters für Cannabiskonsumenten auf 18 Jahre mag zur Beruhigung besorgter Eltern beitragen, der Marktrealität wird sie nicht gerecht. Denn ob man es gut findet oder nicht, sämtliche Untersuchungen überall in Westeuropa belegen, daß Jugendliche schon sehr viel früher als mit 18 Jahren Cannabis zu konsumieren beginnen. Logisch nicht nachvollziehbar ist darüber hinaus die ungleiche Behandlung von Alkohol und Cannabis, denn im Falle von Alkohol liegt das Jugendschutzalter bei 16 Jahren, und da soll es nach dem Willen des Schweizer Gesetzgebers auch liegenbleiben.

Seit Beginn der 1970er Jahre diskutieren, wie nie zuvor in der Geschichte der westlichen Industriegesellschaften, Politiker, Experten und sogenannte Betroffene über Drogen, das Drogenproblem und die Lösung des Drogenproblems. Daß sich die Diskussion so zähflüssig dahinschleppt und daß sich das Prohibitionsdogma noch immer in den Köpfen der Beteiligten zu behaupten vermag, liegt auch daran, daß alle Lösungsmodelle zur Verhinderung einer industriellen Massenproduktion von psychoaktiven Substanzen dem Staat eine Rolle zuweisen, die dem neoliberalen Deregulierungswahn der Machteliten zuwiderläuft. Denn die vernünftigste unter allen denkbaren Lösungen weist dem Staat das Monopol für Drogen zu. Der Staat vergibt unter Auflagen Lizenzen an Produzenten und Händler, und er sorgt für die Überwachung und Durchsetzung dieser Auflagen, deren Mißachtung bis zu einem Verbot reichen kann. Um das Ziel einer defensiven Vermarktung von Drogen zu erreichen, ist beispielsweise ein Werbeverbot für Drogen unabdingbar. Und zwar für alle Drogen. Der Staat lizenziert Verkaufsstellen nach einem Schlüssel, der sich an der Bevölkerungszahl einer Stadt oder einer Region orientiert. Das ist praktisch machbar, wenn auch mit einigem Aufwand verbunden. Aller Aufwand wird durch Steuereinnahmen kompensiert. Eine Vermarktung außerhalb dieser Verkaufsstellen ist untersagt, insbesondere der Automatenverkauf sowie der Verkauf in Supermärkten und an Tankstellen. Untersagt ist auch die Anreicherung beziehungsweise Mischung von Lebensmitteln mit der Wirksubstanz von Cannabis. Nur der Originalstoff soll frei zugänglich sein, andernfalls würde sich die kapitalkräftige Tabakindustrie der industriellen Joint-Produktion widmen, würden Süßwarenhersteller sich als Haschischkeks-Bäcker betätigen und Alkoholkonzerne ihre Getränke mit THC anreichern. Auch hier gilt: Das Mischverbot dient nur dann der Rechtserziehung von Heranwachsenden und ist nur dann logisch nachvollziehbar, wenn es auch den Produzenten von Alkoholika verbietet, ihre hochprozentigen Produkte mit Limonaden gemischt an das jugendliche Publikum zu bringen. »Anfixen« nennt man im Drogenjargon diese neueste Verkaufsstrategie der Getränkeindustrie.

Um eine fachgerechte Beratung sicherzustellen, sollte das Personal der staatlich lizenzierten Verkaufsstellen über Qualifikationen verfügen, die denen von Drogeriefachverkäufern vergleichbar sind, um unerfahrene Konsumenten bei der Dosisfindung beraten zu können. Fehldosierungen mit tödlichem Ausgang wie bei Opiaten gibt es bei Cannabis zwar nicht, doch können Überdosierungen unerwünschte Angstreaktionen und Horrortrips auslösen. Jede Cannabissorte sollte nur unter Angabe des THC-Gehalts in den legalen Verkauf gelangen dürfen. Marihuana mittlerer Qualität weist einen THC-Gehalt von drei bis fünf Prozent auf. Bei Haschisch mittlerer Qualität liegt der THC-Gehalt etwas höher. Bei der Qualitätsbestimmung ist der Wirkstoffgehalt der Cannabispflanze nur ein Orientierungsmerkmal. Besonders in den USA setzen viele Züchter, in der irrigen Annahme »the bigger the better«, auf einen möglichst hohen THC-Anteil von bis zu zwanzig Prozent. Doch ähnlich wie beim Wein, wo der Alkoholgehalt über die Qualität des Produkts nichts aussagt, ist auch die Qualität einer hochwertigen Cannabissorte von der Bodenbeschaffenheit, der Sonnenbestrahlung und der Pflege der Pflanze und erst in zweiter Linie vom THC-Gehalt abhängig.

Staatlich festgelegte und kontrollierte Preise mit entsprechendem Steueranteil müßten so kalkuliert sein, daß sie keinerlei Anreize bieten, einen Schwarzmarkt aufzuziehen. Suchtmittel sind deshalb über die Gestehungs- und Vertriebskosten hinaus nur begrenzt steuerlich belastbar. Sonst passiert, was überall dort passiert, wo Raucher nicht mehr bereit sind, übersteuerten Tabak am legalen Markt zu erwerben. In Deutschland liegen die Steuereinnahmen aus dem Verkauf von Tabakprodukten bei 13 Milliarden Euro pro Jahr. Der Staat kassiert pro Schachtel drei Viertel des Verkaufspreises über Mehrwert- und Tabaksteuer. So entsteht wie in Italien, in Deutschland und neuerdings auch in den USA ein Schwarzmarkt für Zigaretten mit der dazugehörigen Bandenkriminalität.

Nicht nur der Handel mit, sondern auch der Anbau von Hanf wird streng reguliert werden. Das Landwirtschaftsministerium legt die Anbaufläche fest, setzt Qualitätsstandards nach den Kriterien einer ökologischen Landwirtschaftspolitik und verteilt Lizenzen an geeignete landwirtschaftliche Betriebe. Der Anbau von genmanipulierten Pflanzen, wie sie in holländischen Treibhäusern bereits gezüchtet werden sollen, ist zu verbieten. Der Hersteller haftet für das Produkt. Sollten Auflagen verletzt und Sicherheitsbestimmungen nicht eingehalten werden, ist ein Lizenzentzug jederzeit möglich. Grundsätzlich sind alle geltenden Maßnahmen und Gesetze zum Schutz des Verbrauchers auf den Handel mit Haschisch und Marihuana zu übertragen. Auch das Verbot von Alkohol im Straßenverkehr ist analog auf die Konsumenten von Cannabis anzuwenden. Über einen Grenzwert wird man sich einigen müssen. Die Entwicklung einer standardisierten, gerichtsfesten Meßmethode ist noch nicht abgeschlossen. Grundsätzlich gilt für Cannabis im Straßenverkehr, was für jede andere psychoaktive Substanz auch gilt: Keine Drogen bei der Arbeit an und mit Maschinen. Das Urteil des Bundesverfassungsgerichts, wonach der Besitz von Cannabis allein für einen Führerscheinentzug nicht ausreicht – eine Rechtspraxis, die besonders in Bayern und Baden-Württemberg üblich war –, ändert daran nichts. Das Urteil ist kein Freibrief für Kiffen am Steuer. Dagegen ist auch nichts einzuwenden, selbst wenn Studien nachweisen, daß der bekiffte Fahrer defensiver fährt und weniger schwere Unfälle verursacht als der betrunkene.

Ein liberaler, nicht-repressiver Umgang mit Cannabis ist politisch und sozial nur dann vertretbar und nur dann durchsetzbar, wenn die nicht länger von Sanktionen bedrohten Konsumenten sich ihrer Eigenverantwortung bewußt sind und entsprechend handeln.

3.3 *Das Todesimage von Heroin ist so übermächtig, daß
jede Relativierung des Gefahrenpotentials der Droge
als Provokation empfunden und als Tabubruch
zurückgewiesen wird.*

Unvoreingenommen und nüchtern über *Heroin* zu
sprechen, ist fast unmöglich. Der Vorschlag, auch diese
Droge zu legalisieren, vermag noch immer fassungsloses
Entsetzen auszulösen. Selbst Befürworter einer im
Grundsatz liberalen Drogenpolitik steigen an diesem
Punkt der Diskussion oft aus. Das Todesimage der
Droge ist so übermächtig, daß jede Relativierung ihres
Gefahrenpotentials als Provokation empfunden und
als tabu zurückgewiesen wird. Doch seitdem in der
Schweiz der Originalstoff an sogenannte Schwerstab-
hängige abgegeben wird, ist auch dieses Tabu gebro-
chen.

Es handelt sich dabei um einen doppelten Tabubruch.
Von den Gegnern des Schweizer Modellversuchs, der
mittlerweile auch in einigen Städten der Bundesrepublik
in Form einer Arzneimittelstudie angelaufen ist, wird
die ärztliche Verschreibung von *Heroin* als Sabotage an
einer glaubwürdigen Präventionsbotschaft kritisiert.
Die ärztlich kontrollierte *Heroin*abgabe sei ein »falsches
Signal«, weil sie die Bereitschaft mindere, den Konsum
von Drogen gänzlich aufzugeben. Selbst wenn es so
wäre, spräche es nicht gegen die Intentionen des Modellversuchs, denn Abstinenz ist keine Zielvorgabe, sondern
eine Wunschvorstellung. Die Tatsache, daß Menschen
Drogen nehmen, wird prinzipiell akzeptiert.

Falsch sei auch das Signal an suchtgefährdete Jugendliche, weil diese durch die »Verharmlosung« der Droge zum Konsum derselben animiert würden, sagen die Gegner und bewegen sich dabei im Bereich von Vermutungen. Könnte es nicht auch umgekehrt sein? Wenn aus der heroischen Droge ein käufliches Medikament wird, würde *Heroin* dann nicht seine morbide Faszination verlieren? Es ist doch erklärungsbedürftig, warum immer wieder aufs neue Menschen zu einer illegalen Substanz greifen, die vom Image der Krankheit, der Verelendung und des Todes umgeben ist. Und so erwartet der Sozialwissenschaftler Hans-Peter von Aarburg, daß die ärztliche Verschreibung von *Heroin* »diese gegenkulturell mystifizierende Symbolkraft der Droge entscheidend schwächen« werde: »Der süchtige *Heroin*konsum, der mindestens von bestimmten sozialen Gruppen einst als Form heroischer und damit auch faszinierender Selbstzerstörung wahrgenommen wurde, dürfte durch die ärztliche Verschreibung tendenziell zu einer entmündigenden Krankheit mutieren.«[111]

Auch das ist nur eine Vermutung, allerdings mit einem hohen Plausibilitätsgrad. Es sollte sich nämlich sowohl in der Schweiz wie in der Bundesrepublik Deutschland zeigen, daß nicht alle, die den Aufnahmekriterien des Modellversuchs entsprechen und berechtigt wären, am Projekt teilzunehmen, von dieser Möglichkeit Gebrauch machen. Das hat einige Experten ziemlich überrascht, hatten sie sich doch daran gewöhnt, Junkies ausschließlich als Kranke wahrzunehmen und sie über ihre Gier nach dem Stoff zu definieren. Nun zeigt sich, daß ein bestimmter Teil der Bezugsberechtigten sich dem verlockenden Gratisangebot des Staates widersetzt. Sie sehen sich nicht als Kranke. Sie sind nicht bereit, die mit der staatlich lizenzierten *Heroin*abgabe verbundenen Auflagen zu erfüllen und sich den, wie sie

Günter Amendt

es empfinden, schikanösen Kontrollen zu unterwerfen. Die »gegenkulturell mystifizierende Symbolkraft der Droge« wirkt noch immer nach. Dem *Heroin* das Heroische und dem *Kokain* das Luxuriöse zu nehmen bleibt deshalb unter dem Gesichtspunkt der Prävention ein erwünschter Nebeneffekt der Legalisierung.

Der Kreis von Bezugsberechtigten an den laufenden Modellversuchen in der Schweiz, in den Niederlanden und in Deutschland ist so klein, daß er auf das Marktgeschehen keinerlei Auswirkung haben wird. Jede Erwartung in diese Richtung wäre eine Selbsttäuschung, jedes Versprechen ein Betrug. Die medikalisierte Abgabe von *Heroin* ist ein sozialpolitisches Projekt – mehr nicht. Wenn es gelingt, die Teilnehmer aus der Verelendung der Szene zu lösen, sie zu befähigen, ihren Alltag zu bewältigen, eine Arbeit aufzunehmen oder eine Ausbildung zu beginnen und soziale und emotionale Beziehungen außerhalb der Szene aufzunehmen, dann ist der Versuch gelungen.

So gesehen ist der Schweizer Modellversuch ein Erfolg. Unter Einwirkung von *Heroin* ein »unauffälliges« Leben zu führen ist möglich, wenn die Versorgung mit der Droge garantiert ist. Neu ist diese Erkenntnis nicht. Schon mit Methadon substituierte *Heroin*konsumenten haben unter Beweis gestellt, daß »kontrollierter Konsum eines Opioids im Toleranzbereich die Arbeitsfähigkeit nicht beeinträchtigt, wie seit Beginn des 20. Jahrhunderts von ›klassischen Morphinisten‹ bekannt ist«.[112] Selbst die Fahrtauglichkeit unter Methadoneinfluß kann nicht generell bezweifelt werden, vorausgesetzt, es handelt sich nicht um »Patienten mit Polytoxikomanie, Psychosen, schweren Persönlichkeitsstörungen oder schweren körperlichen Behinderungen«.[113]

Bereits die ersten Ergebnisse der Modellversuche machen eine Neubewertung des Gefahrenpotentials von

Opiaten nötig. Zu lange haben sich auch wissenschaftliche Experten an der Mystifizierung von *Heroin* beteiligt, indem sie sich auf den Stoff fixierten, ohne die subjektiven und die objektiven Umstände des Konsums zu berücksichtigen. »In der bisherigen Forschung hat man vernachlässigt, sich auch mit der Frage des kontrollierten Konsums von *Kokain* und Opiaten auseinanderzusetzen«, kritisieren Schippers und Cramer in der Zeitschrift »Suchttherapie«.[114] Bei der Auswertung der wenigen Studien, die der Frage nachgehen, ob es eine Form des moderaten Drogenkonsums gibt, kommen die Autoren zu dem Schluß, »daß es einem substantiellen und wachsenden Anteil von Drogenkonsumenten gelingt, sich eine ›sozial unauffällige‹ Form des Drogenkonsums anzueignen. Daraus leiten wir ab, daß nicht alle Drogenkonsumenten dazu verurteilt scheinen, eine negative Entwicklung zu nehmen oder abstinent sein zu müssen«.[115]

Das klingt nach »Verharmlosung« und ist doch nur die Beschreibung einer Experten schon lange bekannten Realität, die es endlich zur Kenntnis zu nehmen gilt. Bei der Risikobewertung von *Heroin* ist zwischen moderatem und exzessiv-problematischem Konsum zu unterscheiden. »Kontrollierter Konsum läßt sich demnach als ein Konsum definieren, der nicht in nennenswertem Maß mit persönlichen Zielen kollidiert und durch Selbstkontrollen gesteuert wird.«[116]

Anders als im Fall von *Heroin* ist die Öffentlichkeit im Fall von *Kokain* eher bereit, einen nicht-problematischen, kontrollierten Konsum zu unterstellen. Dazu bedarf es keiner großangelegten Studien. Alltagsbeobachtungen genügen, um festzustellen, was Statistiken bestätigen – daß nämlich der Konsum von *Kokain* im letzten Jahrzehnt des 20. Jahrhunderts enorm zugenommen hat. Zwar spielt *Kokain* auch in der *Heroin*szene als

Zusatzdroge eine Rolle, ein erheblicher Teil des Stoffs wird jedoch außerhalb der Drogenszene konsumiert, von Gruppen »mit risikobewußtem und regelorientiertem Konsum illegaler Drogen«. Schippers und Cramer schätzen die Anzahl dieser Konsumenten auf »mindestens ein Promille der Allgemeinbevölkerung«. Ihr Resümee: Die Auswertung der von ihnen herangezogenen Studien widerspreche »dem weitverbreiteten Glauben, der Konsum von *Heroin* und *Kokain* führte zwangsläufig zu Abhängigkeit und schweren psychologischen und physiologischen Schäden«.[117]

Daß der »regelorientierte Konsum« von *Heroin* und *Kokain* immer mit einem Absturzrisiko behaftet ist, bedarf keiner besonderen Erwähnung. Aber auch da ist festzuhalten, daß nicht wenige Konsumenten nach einer Phase zwanghaften Konsums zur Selbstkontrolle zurückfinden. Diese Befunde »widersprechen der These, Abhängigkeit sei unumkehrbar und eine Normalisierung von Konsummustern nicht aus eigener Kraft erreichbar«.[118] In ihrem Aufsatz »Körperliche und psychische Folgen des *Kokain*- und *Crack*konsums« betonen Haasen et al., daß bei abgestürzten *Kokain*konsumenten die »hohe Komorbiditätsrate* mit anderen psychiatrischen Störungen beachtet werden« müsse.[119] Nur in den seltensten Fällen verlaufe der *Kokain*- oder *Crack*konsum als Monokonsum. Zusätzliche Suchtstörungen seien charakteristisch für diese Konsumentengruppe, wobei Alkohol, wie auch bei *Methadon*-Substituierten, die Hauptsubstanz ausmache. Auch seien Persönlichkeitsstörungen, »vor allem Borderline-, narzißtische und dissoziale Persönlichkeitsstörungen«,[120] typisch.

Daß der Gebrauch von *Heroin* und *Kokain* »selbstkontrolliert« erfolgen kann und nicht zwangsläufig in

---

* Komorbidität: Zusammenwirken mehrerer Krankheitsursachen.

die Verelendung führt, sollte in der Legalisierungsdiskussion als Argument »nicht ausschlaggebend sein«, fordern Schippers und Cramer. Dem ist zuzustimmen. Die von der Faktenlage gebotene Relativierung des Suchtpotentials harter Drogen ist nur ein Hilfsargument bei der notwendigen Risikoabwägung.

3.4 *Was geschieht, wenn ein Suchtmittelmarkt, der sich über Jahrzehnte hinweg selbst überlassen blieb, plötzlich mit Regulierungsmaßnahmen konfrontiert wird und welche Druckmittel die Suchtmittelindustrie einsetzt, um Regulierungen zu verhindern, wird deutlich an den Reaktionen der Tabakindustrie auf den Werbeverbotsbeschluß der Europäischen Union.*

Sollte die Prohibition eines Tages aufgehoben werden und die heute illegalisierten Rauschmittel am Markt frei verfügbar sein, dann werden die Dealer, die fortan wieder Händler oder Apotheker genannt werden dürfen, versuchen, die nun legale Ware mit allen Verkaufstricks ihres Gewerbes zu vermarkten. So oder so ähnlich lautet einer der häufigsten Einwände gegen die Legalisierung von Drogen. Diese weitverbreitete Befürchtung zeugt von einer durchaus realistischen Einschätzung der Mechanismen eines deregulierten »freien Marktes«. Erstaunlich ist nur, wie sehr die Öffentlichkeit sich damit abgefunden hat, diese Mechanismen als gegeben und unbeeinflußbar zu akzeptieren. Die in den 1980er Jahren einsetzende neoliberale Propagandaflut hat offenbar jeden Gedanken an Alternativen ausgelöscht.

Heute »begrüßen Regierungen in der ganzen Welt das Evangelium des freien Marktes«, heißt es in einem Artikel der »New York Times«, den Noam Chomsky mit dem Hinweis zitiert, daß unter Ronald Reagan, »dem Nachkriegspräsidenten mit der leidenschaftlichsten Liebe zum Laissez-faire, der größte Umschwung zugunsten des Protektionismus stattfand, den es seit den dreißiger Jahren gegeben hat«.[121] Anders als die neoliberale Ideologie weismachen will, greift der Staat nicht nur permanent in das globale Marktgeschehen ein, um die Produkte der eigenen Volkswirtschaft zu schützen, er greift auch permanent regulierend in den Binnenmarkt ein, etwa wenn es darum geht, die Bevölkerung bei der Vermarktung gefährlicher Güter zu schützen.

Selbstverständlich kann ein legaler Drogenmarkt immer nur ein regulierter Markt sein. Der Staat setzt die Rahmenbedingungen. Um eine hemmungslose Vermarktung von Drogen zu verhindern beziehungsweise eine defensive Vermarktung zu garantieren, ist ein Werbeverbot für Drogen unumgänglich. Weil, wie die Erfahrungen aus mehreren Jahrzehnten einer gescheiterten Drogenpolitik zeigen, die Subjekte sich von Verboten nicht am Drogenkonsum hindern lassen, ja, nicht selten erst der Verbote wegen zum Konsum gereizt werden, läßt der Staat dem Konsumenten die Freiheit der Wahl, während er die Gewerbefreiheit der Produzenten aus übergeordneten gesundheitspolitischen Gründen einschränkt. Das ist vernünftig und stimmt überein mit den in der Verfassung garantierten Grundrechten der Subjekte. Genau an diesem Punkt setzt der Widerstand von Interessenverbänden gegen Werbeverbote ein. Sie fühlen sich benachteiligt und reklamieren allen Ernstes Meinungsfreiheit auch für ihre Produkte, so als hätten Philip Morris oder Lucky Strike, Jim Beam oder Johnny Walker eine Meinung.

Das von der Europäischen Union beschlossene Werbeverbot für Tabak wird in der »Süddeutschen Zeitung« als »eine krasse Fehlentscheidung und eine Niederlage für die Marktwirtschaft« gebrandmarkt. »Das Verbot, bestimmte Waren oder Dienstleistungen anzubieten, ist einer der schwersten Eingriffe in das Eigentumsrecht durch den Staat überhaupt«,[122] ereifert sich SZ-Redakteur Nikolaus Piper und übersieht dabei, daß ein Verbot, Waren herzustellen oder Dienstleistungen anzubieten, von der Europäischen Union nicht beabsichtigt ist. Es soll nur verboten werden, sie zu bewerben.

Was geschieht, wenn ein Suchtmittelmarkt, der sich über Jahrzehnte hinweg selbst überlassen blieb, plötzlich mit Regulierungsmaßnahmen konfrontiert wird, welche Druckmittel die Suchtmittelindustrie einsetzt, um Regulierungen zu verhindern, und welche Argumentationsstrategien sie sich einfallen läßt, um den »perfiden Angriff« auf die Werbefreiheit abzuwehren, läßt sich an der Reaktion der Tabakindustrie auf den Werbeverbotsbeschluß der Europäischen Union exemplarisch darstellen.

Die Verbraucherminister der Europäischen Union haben Ende 2002 mehrheitlich beschlossen, Tabakwerbung in allen Printmedien, im Rundfunk und im Internet zu verbieten. Fernsehwerbung für Zigaretten ist schon jetzt europaweit untersagt. Das Verbot erstreckt sich auch auf alle Sponsorenaktivitäten, die, wie beispielsweise beim Formel-1-Rennsport, eine »grenzüberschreitende Wirkung« haben. Die Europäische Union erfüllt damit eine Forderung der Weltgesundheitsorganisation (WHO), deren Statistik von jährlich vier Millionen Menschen ausgeht, die Opfer ihrer Nikotinsucht werden. Die WHO wirft der Tabakindustrie vor, die Gefahren des Rauchens zu verharmlosen und, um Konsumenten süchtig zu machen, den Nikotingehalt von Zigaretten zu manipulieren. Im Jahr 2030 werde der Tabak zehn Millionen Menschen jährlich töten – mehr als siebzig Prozent davon in den Entwicklungsländern, prognostiziert die WHO. Tatsächlich hat die Tabakindustrie, um den stagnierenden beziehungsweise rückläufigen Konsum in den meisten westlichen Verbraucherländern zu kompensieren, ihre Marketingaktivitäten auf die Staaten Osteuropas und auf außereuropäische Entwicklungsländer verlagert, wo das Klima weniger raucherfeindlich und die Gesetze weniger restriktiv sind.

Als besonders umsatzträchtig gilt der Markt in Osteuropa, und entsprechend intensiv sind die Bemühungen der Tabakindustrie, alle dort bestehenden Handelshemmnisse zu beseitigen. Doch auch da stoßen sie auf Widerstand. Die Beseitigung von Handelshemmnissen ist heute nicht mehr so einfach wie noch in den 1980er Jahren, als ein US-amerikanischer Präsident südostasiatische Staaten mit der Androhung von Sanktionen dazu zwingen konnte, ihre Tabakpolitik, die auch Werbeverbote enthielt, im Namen des Freihandels zu lockern. In Polen hat das Parlament mit überwältigender Mehrheit beschlossen, jegliche Reklame für Tabakprodukte zu verbieten. Dabei wird es bleiben, auch weil der Beschluß EU-kompatibel ist.

Abgefunden haben sich die Tabakmultis damit noch nicht. Ein Sprecher der polnischen Tochter des Reemtsma-Konzerns wird in den Medien mit der düsteren Drohung zitiert, wenn das Gesetz in Kraft trete, würden sich die ausländischen Firmen aus Polen zurückziehen. Das sei schlecht für die Volksgesundheit, mal abgesehen von den Folgen für die Volkswirtschaft – Stichwort »Arbeitsplätze«. Wenn sich die ausländischen Firmen aus Polen zurückzögen, so seine atemberaubende Argumentation, seien die bedauernswerten polnischen Raucher gezwungen, das minderwertige einheimische Kraut zu rauchen. Der Sprecher eines Tabakkonzerns promotet sein Produkt mit einem gesundheitspolitischen Argument. Das ist ziemlich frech. Und es ist verboten. In Zukunft ist es der Zigarettenindustrie nämlich untersagt, ihre Produkte mit Attributen wie »light«, »mild«, »rein«, »frisch« oder »natürlich« zu belegen – Eigenschaften, die eine heimliche Gesundheitsbotschaft transportieren, indem sie suggerieren, es gebe Zigaretten, die gesünder seien als andere.

Günter Amendt

Nicht zu übertreffen aber ist die Strategie, die der Philip-Morris-Konzern in Tschechien einschlug, um die zunehmenden Bedenken der tschechischen Öffentlichkeit gegenüber dem Rauchen zu zerstreuen. Wie überall in Europa sind die gesundheitspolitischen und volkswirtschaftlichen Folgen des Rauchens ein Thema in der Tschechischen Republik. Als makabren Beitrag zur tschechischen Kosten-Nutzen-Analyse lieferte Philip Morris die Ergebnisse einer Studie, die den volkswirtschaftlichen *Nutzen* des Rauchens belegen soll. Nach Angaben des »Wall Street Journal« kommt die Untersuchung zu dem Ergebnis, »daß der frühzeitige Tod von Rauchern der Tschechischen Republik 1999 Einsparungen von umgerechnet rund 71 Millionen Mark an Behandlungskosten, Renten und Wohnraumentgelten erbracht habe. Würden die beträchtlichen Einnahmen durch die Tabaksteuer berücksichtigt sowie die Allgemeinkosten der Nikotinsucht abgezogen, habe Tschechien einen jährlichen ›Nettogewinn‹ von etwa 345 Millionen Mark für die Staatskasse«.[123] Das Argument ist stichhaltig, doch von der Tabaklobby vorgebracht, ist es eine zynische Provokation.

Schon kurz nach dem Werbeverbotsbeschluß der Europäischen Union war die Tabakindustrie wieder oben auf. Unter dem Druck der USA und der Bundesrepublik Deutschland mußte die WHO ihre bereits ausgearbeitete Konvention zur Einschränkung des Tabakkonsums in wesentlichen Punkten revidieren. Die Konvention wird kein allgemeines Werbe- und Sponsoringverbot, keine generelle Haftung der Tabakindustrie für Gesundheitsschäden und auch kein Verbot von Tabakautomaten enthalten. Die Europäische Union ist zwar nicht gezwungen, sich daran zu halten, doch sie muß sich darauf einstellen, daß die Tabaklobby keine Ruhe geben und unter Verweis auf die revidierte WHO-Konvention versuchen wird, das Werbeverbot auszuhebeln.

Über die Motive der deutschen Regierung, gemeinsam mit den USA die WHO-Tabakkonvention zu verwässern, streiten sich die Experten. Es muß da eine Lobby geben, die über starke Druckmittel verfügt. Die offizielle Begründung ist vorgeschoben. In einer Protokollerklärung wird auf »verfassungsrechtliche Vorbehalte gegen totale Werbeverbote« hingewiesen. »Diese greifen nach Auffassung der Bundesregierung in unzulässiger Weise in die nationale Gesetzgebung ein.«[124] Unter Verfassungsrechtlern ist diese Position umstritten. Aber selbst wenn es so wäre, wie die Bundesregierung behauptet, was beziehungsweise wer hindert sie dann daran, ein »nationales Gesetz« zu verabschieden, das der WHO-Konvention in ihrer ursprünglichen Fassung entspricht? Mit dem neuen, seit dem 1. April 2003 gültigen Jugendschutzgesetz, das den Verkauf von Tabakwaren an Jugendliche unter 16 Jahren sowie Kinowerbung für Tabakwaren oder alkoholische Getränke vor 18 Uhr verbietet, kann die Tabaklobby jedenfalls gut leben.

Bei ihrem Kampf um Marktanteile und neue Märkte bewegen sich einige Tabakkonzerne längst in der Grauzone zwischen Legalität und Illegalität. Wer sich mit der Tabakindustrie anlegt, muß sich auf eine harte und unerbittliche Auseinandersetzung gefaßt machen. Mit der Werbewirtschaft und den Interessenverbänden der werbeabhängigen Printmedien haben die Tabakmultis mächtige Verbündete in ihrem Kampf gegen ein Werbeverbot. Dieses sei, so der Präsident des Bundesverbandes Deutscher Zeitungsverleger, ein Verstoß gegen die Grundregeln einer freien Marktwirtschaft. Er sagt: Tabakprodukte dürfen legal hergestellt und vertrieben werden, also muß man auch für sie werben dürfen. Er sagt nicht, wo das geschrieben steht. Der Präsident des

Bundesverbandes Deutscher Zeitschriftenverleger sieht im Tabakwerbeverbot eine »Verletzung der Pressefreiheit« und einen »Angriff auf die soziale Marktwirtschaft«. Er sagt nicht, was unsozial daran sein soll, die öffentliche Propagierung einer gesundheitsschädlichen Konsumgewohnheit zu unterbinden. Und er sagt auch nicht, daß viele Journalisten und deren Gewerkschaften sich weigern, das Werbeverbot mit Fragen der Pressefreiheit zu koppeln, solange die redaktionelle Unabhängigkeit gewahrt ist. Der Zentralverband der Deutschen Werbewirtschaft sieht in Werbeverboten nicht nur einen illegitimen Eingriff in die Unternehmenspolitik, sondern gar eine existentielle Gefährdung der demokratischen Grundordnung: »Hinter dem fast harmlos erscheinenden Ziel der Einschränkung oder des Verbots der Alkohol- (und Tabak-) Werbung steckt ein existentielles Grundproblem der Ordnung offener Gesellschaften und der künftigen politischen Ordnung der Demokratien in Europa und anderen Gebieten freier Völker.«[125] Über ihren Sprecher fordert der Werbeverband die Bundesregierung auf, endlich die »Hexenjagd« auf die Werbung zu bremsen. Der Sprecher des Werbeverbandes und andere Vertreter seines Gewerbes, die in ihren pathostriefenden Wortmeldungen gerne auch mal Martin Luther King oder Nelson Mandela als Vorkämpfer der Werbefreiheit feiern, proklamieren ein Grundrecht auf Werbefreiheit, denn »die Freiheit des mündigen Bürgers als Konsument umfaßt auch die Selbstverantwortung und auch die Freiheit zur Unvernunft und zur Selbstgefährdung«.[126]

Da hat der Sprecher der Werber recht. Eben deswegen ist ja die Bestrafung der Konsumenten von Drogen mit den Grundsätzen der Verfassung nicht vereinbar. Doch aus der »Freiheit des mündigen Bürgers« zur Unvernunft und Selbstgefährdung ist nicht die Freiheit der Tabak- oder der Alkoholindustrie abzuleiten, den Bürger mit Hilfe der Werbung zu unvernünftigem und selbstgefährdendem Handeln zu verführen. Diese groteske Auslegung der Verfassung im Geiste des Neoliberalimus demonstriert, wie sehr sich die Suchtmittelindustrie in die Enge getrieben sieht. Man befürchtet einen Dominoeffekt. Wo fängt das an, wo hört das auf? Die Werbeindustrie beginnt zu ahnen, daß das Tabakwerbeverbot zu einem Präzedenzfall werden könnte. Werbeverbote für Alkohol, für Spielzeug, für Süßwaren, ja selbst für Autos könnten folgen. Sie werden bereits diskutiert und in einigen EU-Staaten auch praktiziert. Das Umfeld ist wahrlich nicht günstig für die Tabakindustrie und deren Vermarkter. An allen Ecken regt sich Widerstand nicht nur gegen Suchtmittelwerbung. Auch der Terror der Labels steht in der Kritik einer globalen gesellschaftlichen Bewegung, die sich dagegen wehrt, »daß wir unsere Gegenwart als ein konsumierbares Spektakel wahrnehmen«.[127]

Wer wie die Tabaklobby so weit geht, das Werbeverbot als »Mittel totalitärer Systeme« zu denunzieren, treibt die Polemik eindeutig zu weit. Werbeverbote für Risikoprodukte können nämlich mit einer breiten gesellschaftlichen Zustimmung rechnen. Das wissen auch die Werbeleute und deren Auftraggeber in der Tabak- und in der Alkoholindustrie.

Wenn die Polemik es nicht bringt und die Propaganda wirkungslos verpufft, wird gewöhnlich die Autorität der Wissenschaft ins Spiel gebracht. Anhand »streng wissenschaftlicher« Untersuchungen soll nun empirisch nachgewiesen werden, daß Werbung, anders als ihre Kritiker behaupten und ihrerseits mit wissenschaftlichen Studien zu belegen versuchen, auf den Konsum von Suchtmitteln keinerlei Einfluß habe. Mit anderen Worten: Die Suchtmittelindustrie verschleudert jährlich

Hunderte von Millionen Euro an Werbekosten, ohne das Kaufverhalten ihrer Adressaten beeinflussen zu wollen beziehungsweise beeinflussen zu können. Nein, so sei das nicht gemeint, das sei eine polemische Interpretation ihrer Absichten, erklären Sprecher der Suchtmittelindustrie. Es gehe nicht um die Eroberung neuer Kunden für das Produkt Alkohol, sondern »es geht um die Verdrängung zwischen den Marken«, wie der Geschäftsführer einer großen europäischen Werbeagentur betont.

Nicht anders argumentieren die Vertreter der Tabakindustrie. Auch sie wollen mit Hilfe der Werbung nur ihren Anteil am Kuchen zuungunsten anderer Marken vergrößern. Hinter dem Argument steckt die Behauptung, der Tabakmarkt sei ein stabiler, gesättigter Markt. Das ist nicht der Fall, wie die Autoren einer Expertise im Auftrag des Bundesministeriums für Gesundheit überzeugend darlegen: »Die Dynamik resultiert daher, daß fortlaufend Personen aufhören zu rauchen, Raucher sterben und somit neue Raucher gewonnen werden müssen, damit die Umsätze zumindest stabil bleiben. Nach Lynch und Bonnie (1994) beenden täglich 3 500 Amerikaner das Rauchen. Weitere 1 200 momentane oder frühere Konsumenten sterben täglich aufgrund von mit dem Rauchen zusammenhängenden Krankheiten. Um diese Verluste auszugleichen, sind täglich 5 000 bzw. pro Jahr 2 Mio. neue Raucher zu gewinnen.«[128]

Und auch das ist wissenschaftlich belegt: »Neue Raucher können am ehesten unter Heranwachsenden rekrutiert werden. Die überwiegende Mehrheit der Raucher war zu Beginn ihrer Raucherkarriere minderjährig.«[129] Auf jedem Rave und an jedem vergleichbaren Jugend-Event, an dem die »Parisienne People« zusammenströmen, demonstriert die Tabakindustrie, daß sie verstanden hat, wo ihre Werbebotschaften anzubringen sind.

Teenager hatten noch nie so viel Geld zur Verfügung wie heute. Das Institut der deutschen Wirtschaft hat Anfang 2003 eine jährliche Kaufkraft von 7,5 Milliarden Euro für die Gruppe der Dreizehn- bis Siebzehnjährigen errechnet. Die Senkung des Einstiegsalters beim Rauchen auf dreizehn Jahre ist ein beeindruckender Nachweis für die Bemühungen der Tabakwerber, Kaufkraft abzuschöpfen. Vergleichbare Marketingerfolge sind auch bei Alkohol zu melden. Jugendliche in Europa betrinken sich immer früher und immer öfter. Der Alkoholismus unter Jugendlichen hat seit den 1990er Jahren zugenommen. Das Einstiegsalter sinkt auch hier.

Nicht beeindrucken von der erkennbar albernen Behauptung, Werbung sei eigentlich wirkungslos, läßt sich auch das US-Gesundheitsministerium. In einem bereits 1989 veröffentlichten Bericht benennt das Ministerium klar und unumwunden die Ziele der Tabakwerbung: Nichtraucher, vor allem Kinder und Jugendliche, anzuregen, mit dem Rauchen zu beginnen. Regelmäßige Raucher zu stimulieren, die Tagesration zu erhöhen. Die Motivation des Rauchers, mit dem Rauchen aufzuhören, zu schwächen, so daß keine Versuche der Rauchentwöhnung unternommen werden. Ehemalige Raucher zu ermutigen, zu alten Gewohnheiten zurückzukehren.[130] Das sind Fakten, die sich auch mit Hilfe von vernebelnder Argumentation und Gefälligkeitsgutachten nicht in Abrede stellen lassen.

Die Tabakmultis üben nicht nur Druck auf die Politik aus, Gesetze in ihrem Sinne zu formulieren, auch ihre Mitbewerber am Markt werden unter Druck gesetzt, mit Methoden, die an Erpressung grenzen. Eine in der Medizinzeitschrift »JAMA« veröffentlichte Studie US-amerikanischer Forscher wirft den Tabakkonzernen vor, den Produzenten von Mitteln zur Rauchentwöhnung so zugesetzt zu haben, daß diese sich schließlich verpflichteten, alle Werbung für das Entwöhnungsmittel Nicorette von Anti-Tabak-Statements zu bereinigen. Die Zigarette von heute ist ein halbsynthetisches Designerprodukt, bei dessen Herstellung viel Chemie zum Einsatz kommt. Hätte die Geschäftsleitung von Dow Chemical ihr Produkt Nicorette weiterhin offensiv beworben, wären möglicherweise die Aufträge für chemische Komponenten zur Zigarettenherstellung verlorengegangen. Auch der Schweizer Chemiemulti Ciba-Geigy, der das Nikotinpflaster Habitrol auf den Markt gebracht hatte, soll nach dem gleichen Muster unter Druck gesetzt worden sein.

Das sind nicht die einzigen Machenschaften, die der Tabakindustrie vorgeworfen werden. In New York hat die Europäische Union eine Klage eingereicht, die dem zweitgrößten US-amerikanischen Zigarettenproduzenten R.J. Reynolds vorwirft, im großen Stil und wissentlich Zigaretten an Kunden zu verkaufen, die den Kauf zum Zweck der Geldwäsche tätigten. Auch anderen Konzernen wirft die EU schon seit langem vor, sich wissentlich am Zigarettenschmuggel in Europa zu beteiligen und damit Zollausfälle in Milliardenhöhe zu verursachen. Die Klageschrift der EU wirft dem US-Konzern vor, seine Geschäfte mit Verbrecherbanden abzuwickeln, die ihrerseits mit kolumbianischen *Kokain*händlern und der russischen *Heroin*mafia kooperieren: »Reynolds verkauft seine Zigaretten an Kriminelle, akzeptiert dafür Gelder aus verbrecherischen Geschäften und trifft Arrangements für die verdeckte Bezahlung.«[131] Die Vertreter des Tabakkonzerns nennen die Vorwürfe absurd, während sich die Vertreter der EU sicher sind, daß ihre Klage gerichtsfest ist.

Die Performance der Tabakindustrie ist so schlecht, daß der weltgrößte Zigarettenhersteller, Philip Morris, wohl auch mit Rücksicht auf seine Lebensmitteltöchter

Kraft und Nabisco sowie die Miller-Brauereien, an einen Namenswechsel denkt. »Altria« soll zukünftig der Name sein.

Ob Alkohol oder Tabak, ob Cannabis oder *Heroin*: Im Zentrum aller Überlegungen steht die Risikoeinschätzung einer jeden Substanz. Werbung ist ein Risikofaktor. Man mag im Einzelfall darüber streiten, auf welchem Wege Einflußnahme und Verhaltenssteuerung durch Werbung erfolgen, es gibt ausreichend wissenschaftlich gesicherte Belege dafür, »daß Werbung soziale Normen beeinflußt, indem sie dazu beiträgt, daß Rauchen in der Gesellschaft und der Peer-Gruppe als erwünscht angesehen wird«.[132] Es läßt sich nachweisen, daß Jugendliche von Werbung erreicht werden und »daß die Wahrscheinlichkeit, daß Jugendliche rauchen, um so größer ist, je stärker sie der Werbung ausgesetzt sind«.[133] Wissenschaftlich belegbar ist schließlich auch: »Je niedriger das Einstiegsalter liegt, desto größer ist die Wahrscheinlichkeit, daß eine Verhaltensstabilisierung eintritt.«[134]

Durchgreifende Werbeverbote wie in Norwegen und Finnland haben im übrigen dazu geführt, daß der Pro-Kopf-Verbrauch an Tabakwaren gesenkt wurde. Selbstverständlich wäre es eine unzulässige Vereinfachung, das Rauchverhalten von Menschen – älteren wie jüngeren – ausschließlich auf den Einfluß der Werbung zurückzuführen. Da sind viele Faktoren am Werk. Werbung ist nur ein Faktor, aber ein, wie die Autoren der Studie *Werbung und Tabakkonsum* eindrücklich nachweisen, wichtiger Faktor. Ihn auszuschalten ist ein legitimes gesundheitspolitisches Ziel, welches allein schon ausreicht, das Werbeverbot für Tabak, Alkohol und andere Suchtmittel zu begründen und zu rechtfertigen.

3.5 *Der freie, wenn auch durch restriktive Rahmenbedingungen gebremste Zugang zu Drogen, den die Aufhebung der Prohibition mit sich bringen wird, erfordert Präventionskonzepte, die Jugendliche wie Erwachsene befähigen, mit den Risiken, denen sie sich aussetzen, umzugehen.*

Warum greift ein Mensch aus anderen als medizinischen Gründen zu Drogen? Weil er Lust darauf hat. Weil er auf Spaß aus ist. Weil er neue Erfahrungen sucht. Was spricht dagegen? Daß es gefährlich ist. »Drogen machen Spaß und Drogen sind gefährlich«, in diesem ebenso schlichten wie widersprüchlichen Slogan ist zusammengefaßt, worauf man sich innerlich einzustellen hat, wenn man einen Paradigmenwechsel in der Drogenfrage tatsächlich will. Das setzt die Fähigkeit voraus, Widersprüche auszuhalten, und die Bereitschaft, zu akzeptieren, daß Menschen sich durch Verbote nicht davon abhalten lassen, etwas zu tun, von dessen Risiken sie wissen. Und daß sie das Recht haben, es zu tun, soweit die Interessen Dritter nicht unmittelbar berührt sind.

Die Drogenpolitik der vergangenen Jahrzehnte war eine über weite Strecken von Fundamentalisten der Abstinenz angeführte Propagandaschlacht. Das Denken der politischen Klasse und der an Politik interessierten Öffentlichkeit Europas ist von dieser Propaganda noch immer durchdrungen. Deshalb ist es eine Errungenschaft und keinesfalls eine Selbstverständlichkeit, wenn die Drogendiskussion heute sich nicht mehr an den Prinzipien von Schuld und Sühne orientiert. Drogenabhängige als Kranke zu sehen und sie zu behandeln, anstatt sie zu bestrafen, war für einen großen Teil der

Öffentlichkeit in den verschiedenen Staaten der Europäischen Union ein mühsamer Lernprozeß, der noch lange nicht abgeschlossen ist.

Schon in den verschiedenen Ländern der Bundesrepublik Deutschland kann man von einer einheitlichen Drogenpolitik nicht sprechen, noch uneinheitlicher ist die Lage in der Europäischen Union. Und nun soll das gerade Erlernte schon wieder hinfällig sein, denn jetzt heißt es, Drogenkonsumenten per se seien gar keine Kranken, denn die Mehrheit aller Konsumentinnen und Konsumenten von legalen wie von illegalen Drogen nehme sozial integriert und selbstbestimmt am gesellschaftlichen Leben teil und sei auf keines der Versorgungssysteme angewiesen. Sie nehmen *Ecstasy* und werfen Psychopillen, sie inhalieren Nikotin und rauchen Marihuana, sie drücken *Heroin* und sniefen *Kokain*, sie trinken Bier und kippen Schnaps, ohne aufzufallen und ohne auszusteigen.

Der Glaube an die Wirksamkeit von Verboten ist nach drei Jahrzehnten einer extrem polarisierten drogenpolitischen Auseinandersetzung verlorengegangen. Darin sind sich heute, von einigen autoritären und autoritätsfixierten Hardlinern einmal abgesehen, alle Drogenfachleute international einig. Eine Drogenpolitik, die ihre Legitimation einzig aus Verboten bezieht, ist zum Scheitern verurteilt. Auch haben sich alle übertriebenen Warnungen vor den Gefahren einer Droge als ineffizient erwiesen. Die in den westeuropäischen Konsumentenländern praktizierte Cannabispolitik mit ihrem Verfolgungseifer und ihrer Dämonisierung von Haschisch und Marihuana steht für diese gescheiterte Strategie der Abschreckung. Deshalb brauche die Drogenpolitik »eine neue Logik«,[135] heißt es im drogenpolitischen Memorandum von verschiedenen in der Drogenhilfe und Drogenselbsthilfe aktiven Gruppen und

Günter Amendt

Vereinen, die für sich beanspruchen können, näher an der drogenpolitischen Realität zu sein als viele andere, die sich auf diesem Feld tummeln.

Ausgangspunkt jeder Neuorientierung hat eine realistische Gewichtung der von Drogen ausgehenden Gefahren und Risiken zu sein, unabhängig davon, ob die Stoffe legal oder illegal sind. Dabei zeigt sich, daß die illegalisierten Substanzen epidemiologisch nicht jene Rolle spielen, »die ihnen in den Medien und der politischen Öffentlichkeit so gerne eingeräumt wird. Evident wird vielmehr eine unangemessene öffentliche Skandalisierung, mit der der Konsum illegalisierter Drogen als ›Drogensonderwirklichkeit‹ inszeniert wird«.[136]

Die Drogenwirklichkeit sieht so aus: In Deutschland konsumieren rund fünf Millionen Erwachsene im berufsfähigen Alter Alkohol in einem Ausmaß, das von Suchtexperten als riskant bezeichnet wird. Bei 2,7 Millionen Menschen verursacht der Konsum von Alkohol körperliche und soziale Schäden. Alkoholabhängig sind 1,6 Millionen Menschen, die nach den Kriterien der WHO als behandlungsbedürftig gelten. Als medikamentenabhängig klassifiziert werden 1,2 bis 1,4 Millionen Menschen. Die Zahl der Konsumenten von »harten« Drogen wird auf 300 000 geschätzt, davon gilt die Hälfte als behandlungs- beziehungsweise hilfebedürftig. Cannabis wird von 2,1 Millionen Menschen konsumiert. Über 200 000 konsumieren täglich Haschisch oder Marihuana.[137]

Über die Genauigkeit dieser Statistiken mag man im Detail streiten, sie sind jedoch genau genug, um deutlich zu machen, daß die öffentliche Wahrnehmung der drogenpolitischen Realität mit ihren Gefahren und Risiken verzerrt ist und daß die Konsumenten illegalisierter Substanzen gesellschaftlich noch immer diskriminiert werden. Verantwortlich für das »Klima der Intoleranz, in dem die Feindbilder und soziale Ächtung ebenso gedeihen wie Vorurteile, Diskriminierung und Ausgrenzung«,[138] ist das in der Drogenpolitik festgeschriebene Abstinenzparadigma, heißt es in dem bereits zitierten Memorandum. Eine tabufreie Debatte über den Nutzen und über den Schaden des Konsums psychoaktiver Substanzen ist deshalb Voraussetzung für den angestrebten Paradigmenwechsel: »Es geht darum, einen möglichst souveränen Umgang mit Drogen sowie das rechtzeitige Signalisieren von Hilfebedarf im Prozeß des ›Lernens‹ von Drogenkonsum gesellschaftlich zu fördern und zu unterstützen.«[139]

Mitte der 1980er Jahre wurde die langsame Abkehr von der autoritär-paternalistischen Drogenpolitik und die Hinwendung zu einer Politik der Akzeptanz erstmals sichtbar, als die Öffentlichkeit relativ gelassen auf die neue sich herausbildende Jugendkultur reagierte, obwohl doch jeder wußte, daß sich »Techno« so offen wie keine andere Jugendkultur zuvor über Drogen definierte. Synthetische Drogen. Das macht den Unterschied. Pillen werfen, das kennt jeder, und zwar von klein auf. Da gibt es keine dreckigen Spritzen, keine verbogenen Löffel, keine stumpfen Nadeln, da muß man weder die Kunst des Jointdrehens beherrschen noch die Fähigkeit, eine *line* zu legen. Einfach nur einwerfen und auf die Wirkung warten. Eine saubere Sache, so sauber wie die Jugendlichen, die sich der Szene zurechnen.

Die relative Gelassenheit gegenüber der neuen Jugendszene hatte nämlich auch mit dem sozialen Status der Jugendlichen zu tun. Denn, »ob es sich bei Drogen um legitime Nahrungs- und Genußmittel, um segensreiche Medikamente oder um illegale Suchtstoffe handelt, hängt eng mit der Frage zusammen, welche gesellschaftliche Position die sie konsumierenden Gruppen einnehmen und welchen Konformitätsgrad diese an den Tag legen«.[140]

Günter Amendt

Die besondere Attraktivität der Partydrogenszene liegt in ihrer auffälligen Unauffälligkeit. Keine Randale, keine Rebellion. Die heute nur noch in Restbeständen vorhandene Techno-Kultur der 1990er Jahre kam dem Ideal einer braven und sauberen Jugend ziemlich nahe. Beruhigt konnten professionelle Jugendschützer in einem ihrer Mitteilungsblätter festhalten, daß Techno-Jugendliche »ein erfolgreiches, mit Lust erlebtes Anpassungskonzept an die heute in der Konsumgesellschaft geforderten Normen von Erfolg, Leistung, Selbstverwirklichung und Glück« anstreben. Hinzuzufügen wäre, daß sie, um ans Ziel zu gelangen, zu oft extremen Risiken bereit sind.

Die mit der Party- und Clubszene einsetzende Renaissance von *Amphetamin* und *Amphetamin*derivaten hat die Aufmerksamkeit der Präventionsfachleute auf ein Phänomen gelenkt, das bis dahin nur wenig beachtet wurde. »Bestimmte Jugendliche suchen die Gefahr geradezu«,[141] heißt es in einer von der Schweizerischen Fachstelle für Alkohol- und andere Drogenprobleme veröffentlichten Studie. Nicht nur der oft exzessive Konsum sogenannter Designerdrogen, auch die steigende Beliebtheit riskanter Fun-Sportarten, die körpereigenes Adrenalin reichlich strömen lassen, hat die Fachleute auf die Persönlichkeitsdimension des »sensation seeking« aufmerksam gemacht. Die Suche nach »kicks and thrills« wird gesellschaftlich gefördert. Die Werbung lebt davon. Sensationssüchtige Personen, heißt es in der Schweizer Studie, »bevorzugen Situationen mit hohen körperlichen und sozialen Risiken, um sich auf einem optimalen Erregungsniveau zu halten«.[142] Dabei sind ihnen die Produzenten sogenannter Energy-Drinks und von Nahrungsergänzungsmitteln gerne behilflich. Herausgefunden hat man auch, daß Jugendliche, die »in gewissem Maße aus dem psycholo-

gischen Gleichgewicht geworfen sind, eher zu Risiko-
verhalten«[143] neigen.

Die Neigung zum Extremismus in der Konsum-
sphäre hat spürbar zugenommen. Schon seit einiger
Zeit beobachten Drogenfachleute das Phänomen des
»Kampftrinkens« und des »Komasaufens«, welches in
vielen europäischen Ländern zum Ritual von Jugend-
cliquen gehört und in den USA besonders in Studenten-
verbindungen praktiziert wird. Auch im Straßenverkehr
nimmt die Risikobereitschaft zu, besonders bei jungen
Männern zwischen 22 und 24 Jahren.

Extrem riskant und unausgewogen sind außerdem
die Ernährungsgewohnheiten vieler Jugendlicher. Während die einen, um dem vorherrschenden Körperideal
zu genügen, sich in eine Magersucht hungern, verschlingen die anderen fett- und zuckerhaltige Nahrungsmittel
im Übermaß, mit dem Ergebnis, daß Fettsucht und
Übergewicht in den vergangenen fünfzehn Jahren fast
epidemische Ausmaße erreicht haben. Dicke Kinder
und übergewichtige Jugendliche leiden unter Bluthoch-
druck, Stoffwechselproblemen, Herzbeschwerden und
»Altersdiabetes«. Und unter sozialer Ausgrenzung, die
oft genug in einer unfreiwilligen Außenseiterrolle im
Erwachsenenalter endet.

Noch dramatischer als in Deutschland ist die Lage in
den USA, wo Abgeordnete des Repräsentantenhauses
von einer »ausgereiften Gesundheitskrise« sprechen.
Seit 1985 hat das Durchschnittsgewicht erwachsener
US-Bürger um rund zehn Pfund zugenommen. Rund
fünfundfünfzig Prozent der US-Bevölkerung gelten als
übergewichtig. Das macht sich nicht nur bei den
Gesundheitskosten bemerkbar, mittlerweile sehen sich
Transportunternehmen bereits gezwungen, die genorm-
ten Sitzmaße in Flugzeugen, Bussen und Zügen zu korrigieren und ihre Ticketpreise neu zu kalkulieren.

Der freie, wenn auch durch entsprechende Rahmenbedingungen gebremste Zugang zu Drogen, den die
Aufhebung der Prohibition mit sich bringen wird, erfordert Präventionskonzepte, die Jugendliche wie Erwachsene dazu befähigen, die Risiken, denen sie sich
aussetzen, bewältigen zu können. Eine unverzichtbare
Voraussetzung dafür sind Informationen über die Wirkungsweise, die Zusammensetzung und die Dosierung
der jeweils zum Konsum vorgesehenen Substanz. Solche Informationen sind unter den Bedingungen der Illegalität nicht verfügbar. Die Konsumenten als letztes
Glied einer oft langen Handelskette vom Produzenten
zum Konsumenten sind auf die Informationen ihres
Dealers angewiesen, der seinerseits nur weitergibt, was
ihm ein Zwischenhändler erzählt hat, der wiederum nur
berichtet, was ihm der Großhändler gesagt hat. Was am
Ende ankommt, sind Gerüchte und keine Informationen.

Währenddessen gelangen immer mehr hochpotente
Pillen obskurer Herkunft auf den europäischen Markt.
Unter den gegenwärtigen Bedingungen ist »drugchecking«* der einzige Weg und das einzige Werkzeug,
einigermaßen zuverlässige Informationen über eine bestimmte Pille zu erhalten. Entsprechende Projekte zur
Schadensminimierung, von Selbsthilfegruppen und nichtkommerziellen Partyveranstaltern schon vor Jahren
initiiert, sind deshalb so lange zu fördern, bis eine neue
Gesetzeslage die Originalstoffabgabe an lizenzierten Verkaufsstellen erlaubt.

Drogenmündigkeit, wie sie das Memorandum deutscher Experten proklamiert und einfordert, ist ein hoher
Anspruch. Doch darunter geht es nicht. Es gibt keine
Alternative, nachdem das Verbot sich als wirkungslos

---

* Labortest vor Ort, um die Inhaltsstoffe einer Pille zu bestimmen.

erwiesen hat. Was ist die Aufgabe von Prävention unter dieser Voraussetzung?

Prävention wird unter dem Vorzeichen der Akzeptanz von ihrem klassischen Ansatz abrücken müssen, der die Vorstellung von einem richtigen und geeigneten Zielzustand implizierte (diejenigen, die Präventionsmaßnahmen ergreifen, definieren auch das Ziel ihrer Maßnahmen). Der Verzicht auf jede Lebensstilvorgabe ist deshalb Grundvoraussetzung einer Prävention, die sich von Propaganda unterscheiden will. Adressaten aller Präventionsbemühungen sind die Konsumentinnen und Konsumenten von Drogen – so, wie sie sind, und da, wo sie sind.

Selbstverständlich reicht es nicht aus, *user* und potentielle *user* von Drogen mit Informationen zu versorgen. Zu einem selbstverantwortlichen, kontrollierten Umgang mit Drogen gehört auch die Fähigkeit, diese Informationen bewerten und gewichten zu können. Von einer Minderheit abgesehen, die ihren Umgang mit Drogen bewußt oder unbewußt als suizidales Spiel inszeniert, will die Mehrheit aller Konsumenten von Drogen gesundheitlich auf keinen Fall Schaden nehmen. Sie wollen physisch und psychisch unversehrt zurückkommen von ihren Trips und sich in den Alltag wieder einfügen, ohne »hangover« und ohne Leistungsverlust. Hier hat Prävention anzusetzen: beim Gesundheitsbewußtsein der Konsumentinnen und Konsumenten. Gefragt nach ihren Motiven für den Verzicht auf Drogen, gaben fünfundachtzig Prozent der befragten fünfzehn- und sechzehnjährigen Jugendlichen »gesundheitliche Gründe« an. Nur zwanzig Prozent nannten das Verbot als Grund. Diese in der Schweiz durchgeführte Befragung belegt darüber hinaus, daß auch die meisten der Jugendlichen, die positiv zu Drogen stehen, an ihre Gesundheit denken, wenn sie die Risiken abwägen, bevor sie sich für eine Droge entscheiden.

Günter Amendt

Andererseits ist nur schwer vorstellbar, daß ein Mensch, der in sich reinstopft, was die Nahrungsmittelindustrie an Fast food zu bieten hat, sich groß Gedanken darüber macht, was er einwirft, wenn ihm eine bunte Pille gereicht wird. Unwahrscheinlich ist auch, daß jemand, der seinen Körper malträtiert und schwächt, um einem bestimmten Schönheitsideal zu genügen, ausgerechnet beim Konsum von Drogen besonders sorgfältig vorgeht. Im Gegenteil: Ein wichtiges Motiv besonders bei jungen Frauen, *amphetamin*haltige Pillen zu werfen und nikotinhaltige Zigaretten zu rauchen, ist der Schlankheitsaspekt.

Gesundheitsbewußtsein setzt ein Ernährungs- und ein Körperbewußtsein voraus, das bereits in früher Kindheit erworben wird oder auch nicht erworben wird. Kinderärzte kritisieren nicht nur die Fehlernährung von immer mehr Kindern und Jugendlichen, sie stellen auch ein gravierendes Bewegungsdefizit mit den entsprechenden motorischen Störungen fest. Anläßlich eines Schulsportforums im westfälischen Münster wurde berichtet, daß viele Kinder kaum noch einen Ball fangen oder problemlos auf einer Bank balancieren können. Drogenprävention, die Menschen befähigen will, sich so zu verhalten, daß sie nicht sich selbst schädigen, beginnt bereits in einem Alter, wo von Drogen und Suchtstoffen noch gar nicht die Rede ist – sieht man einmal ab vom Zucker, welcher der Babynahrung im Übermaß beigemischt wird, und der übertriebenen Verabreichung von Medikamenten an Kinder, wie sie in den USA, doch nicht nur dort, üblich ist.

Der Akzeptanz-Gedanke ist kein ideologisches Konstrukt, sondern Ausdruck und Ergebnis eines Lernprozesses der kritischen und selbstkritischen Helferszene. Über viele Jahre hinweg weigerte sich der drogenpolitische Mainstream, das Konzept einer akzeptierenden

Drogenarbeit auch nur zu diskutieren. Der Widerstand wurde erst gebrochen, als Mitte der 1980er Jahre die Aids-Panik ausbrach. Jetzt ging es nur noch darum, Fixern beizubringen, saubere Nadeln zu benutzen, und Homosexuelle von der Notwendigkeit zu überzeugen, Kondome zu gebrauchen. An therapeutische Überzeugungsarbeit mit dem Ziel, Fixer vom Fixen und Homosexuelle von der Homosexualität abzubringen, dachte unter dem Druck der Bedrohung keiner mehr.

Heute fragt sich mancher Protagonist des Akzeptanz-Konzepts, ob die Drogenhilfe mit ihren niedrigschwelligen Angeboten nicht zunehmend einer »ordnungspolitischen Funktionalisierung« unterliege. In seinem Beitrag zur Eröffnung des 6. internationalen akzept-Kongresses im Oktober 2000 in Berlin nimmt der Sozialpädagoge Manfred Kappeler die Frage auf: »Wir (die Vertreter der akzeptierenden Drogenarbeit) sind hoffähig geworden. Wir müssen uns fragen, ob wir nicht zu Hofnarren werden.« Was Kappeler und viele seiner Mitstreiter beunruhigt, ist die Indienstnahme ihres Konzepts für Belange der »inneren Sicherheit«. Hohe Polizeiführer wie Hamburgs oberster Drogenfahnder fordern die Ausweitung der *Methadon*vergabe, weil sich *Methadon* »aus polizeilicher Sicht« bewährt habe. Ordnungspolitisch argumentierten auch die Polizeipräsidenten mehrerer deutscher Großstädte, als sie sich für die Einrichtung von Fixerräumen und für die medikalisierte Opiatabgabe stark machten.

Mit resignativem Unterton beschreibt Hans-Joachim Rieckmann die Lage: »Eine Lockerung der Drogen-Prohibition und Schritte in Richtung auf die Forderungen der ›akzeptierenden Drogenarbeit‹ haben heute nur dann eine Chance, wenn sie für die ›Innere Sicherheit‹, die ›Säuberung der Innenstädte‹ oder die Legitimation für ein schärferes Vorgehen gegen ›ausländische Dealer‹

funktional sind.«[144] So ist es. Mit diesem Widerspruch können sich viele Vertreter des Akzeptanz-Konzepts aber nur schwer abfinden. Daß ihre drogenpolitische Vorstellung mit neoliberalem Gedankengut vereinbar ist, läßt sie ernsthaft an der Richtigkeit ihres Konzepts zweifeln. Wer glaubt, die längst fällige Diskussion über das Verhältnis von Staat, Gesellschaft und Individuum in den Zeiten der neoliberalen Globalisierung ausgerechnet an niedrigschwelligen Angeboten in der Drogenarbeit festmachen zu müssen, kann natürlich nicht akzeptieren, daß eine Idee, die das Selbstbestimmungsrecht der Konsumenten stärken wollte, zu einem Instrument urbaner Strukturpolitik verkommt. Mit guten Gründen kann man aber auch der Meinung sein, daß ein Konzept, dessen vorrangiges Ziel ist, das Überleben von Drogenabhängigen zu sichern, sich schlecht eignet, diese Grundsatzdiskussion zu führen.

Dem Menschen in der nachindustriellen Gesellschaft wird, wenn er dem Persönlichkeitsideal der neuen Zeit entspricht und bereit ist, die Konsequenzen seines Tuns selbst zu tragen, auch der Konsum von Drogen gestattet sein. Der dem neoliberalen Regime angepaßte Mensch ist »risikobereit, zur autonomen Eigensteuerung fähig, sein Leben einem Kosten-Nutzen-Kalkül unterwerfend, sich unternehmerisch inszenierend, mobil hinsichtlich seiner Arbeitsprojekte, Wohnung und Bindungen. Das Selbst wird damit zum Standort der gesellschaftlichen Konkurrenzen, die die Individuen als einzelne untereinander ausfechten«.[145] Versagt das chemische Selbstmanagement, wird der Absturz in die Sucht nicht länger als moralisches Versagen, sondern als unternehmerischer Zusammenbruch verstanden. Der flexible Mensch hat den Umgang mit seiner Selbstkontrolle zu lernen: »Mißlingt ihm das, hat er sich in die Marginalität der Räume zurückzuziehen, die als Reservate des Mißlingens bereitgestellt sind – ohne Stigma, aber auch ohne Chancen sozialer Partizipation.«[146]

Fixerstuben als »Reservate des Mißlingens«? Man kann es so sehen, denn bei der Festlegung von Standorten für Fixerräume ist die Entfernung vom inneren Citybereich eines der wichtigsten Auswahlkriterien. Der Staat beziehungsweise die Kommune stellt »Reservate des Mißlingens« bereit und erwartet im Gegenzug, daß die unternehmerisch gescheiterten Subjekte die Grenzen der ihnen zugewiesenen Reservate nicht überschreiten. Wer dieser Erwartung nicht entspricht und das Elend seiner Existenz im Citybereich zur Schau stellen will, wird, gegebenenfalls auch unter Einsatz von Gewaltmitteln, vom Platz gestellt. Unzweifelhaft verstößt diese Vertreibungspolitik, wie sie in immer mehr Städten exekutiert wird, gegen das grundgesetzlich verbriefte Recht auf Freizügigkeit, das auch Drogenkonsumenten nicht verweigert werden darf. Und trotzdem: Die Frage, wem eigentlich der öffentliche Raum gehört, ist nicht nur im Hinblick auf das sogenannte Drogenproblem relevant und sollte deshalb in größerem Zusammenhang, etwa am Beispiel von Werbung und Reklame, diskutiert werden.

3.6 *Was die Öffentlichkeit über Drogen weiß, weiß sie aus den Medien. Auch was sie von Drogen zu halten hat, weiß sie aus den Medien.*

Die »neue Logik« in der drogenpolitischen Auseinandersetzung, wie sie weltweit von immer mehr Fachleuten gefordert wird, hat nur dann eine Chance, ins Bewußtsein der Öffentlichkeit vorzudringen, wenn auch die Massenmedien bereit sind, sich auf das Neue einzulassen. Am Beispiel der Berichterstattung über Cannabis wurde jedoch bereits deutlich, daß die Medien in der Drogenfrage oft einer eigenen Logik folgen, die mit der »neuen Logik« der Experten nur schwer vereinbar ist.

Drogen sind ein mediales Großthema. Sie gestatten einen Blick in die Abgründe der menschlichen Psyche in einem Umfeld von Kriminalität, Prostitution und Gewalt. Da muß man mithalten. Da darf man nicht pingelig sein, wenn man am Kiosk auffallen will oder auf Einschaltquoten aus ist. Und so ist die Rolle der Medien in der drogenpolitischen Diskussion höchst widersprüchlich. Einerseits sind sie es, die den Verlautbarungen der Apparate und deren Neigung, die Wirklichkeit statistisch zu schönen und propagandistisch zu verkleistern, mit journalistischen Mitteln entgegentreten. Andererseits trägt die Fixierung der Medien auf das optisch Darstellbare und möglichst Spektakuläre zur Realitätsverzerrung bei.

Was die Öffentlichkeit über Drogen weiß, weiß sie aus den Medien. Auch was sie von Drogen zu halten hat, weiß sie aus den Medien, deren Rolle in der internationalen Drogendiskussion weit über die Vermittlung von Informationen hinausgeht. Sie leisten auch einen Ideologietransfer. Drogenpolitik, als eine Politik, mit Drogen Politik zu machen, ist nicht umsonst ein scharfes Instrument im Arsenal aller Parteien und Organisationen, deren Strategie auf der Verbreitung von Angst und Vorurteilen beruht. Über das Drogenproblem sucht die »moral majority«, wie Jakob Tanner schreibt, »in einer kulturellen Krisenlage nach einer neuen Verständigungsbasis«. Dabei geht es um Fragen wie: Was ist normal? Wer sind die Guten? Wer die Bösen? Wer sind die Gesunden? Wer die Kranken? Der »war on drugs« war immer auch eine verkappte Moralkampagne, er erfüllt, so Tanner, »eine gesellschaftliche Stabilisierungs- und Orientierungsfunktion«.[147]

Über die Medien werden aber nicht nur Informationen verbreitet und moralische Botschaften transferiert, die Medien übernehmen auch noch die Funktion eines Marktregulativs. Das liegt in der Natur eines illegalen Marktes, der sich von einem legalen durch den Mangel an Transparenz und Information unterscheidet. Die internationale Betäubungsmittelgesetzgebung ist von der Überzeugung geleitet, mit Hilfe eines engmaschigen Netzes von Kontrollen, Einschränkungen, Kontingentierungen und Verboten den Handel mit illegalen Drogen und deren Zwischenprodukten unterbinden zu können. In den Signatarstaaten der UN-Drogenkonventionen sind deshalb nicht nur Handel, Erwerb, Überlassung, Herstellung und Besitz von Drogen unter Strafandrohung gestellt, sondern auch Werbung für Drogen sowie die öffentliche Bekanntgabe von Gelegenheiten zum unbefugten Erwerb von Drogen.

Hier nun kommen die Medien ins Spiel. Zumindest in der Einführungsphase einer neuen Droge, die ihrer

Illegalität wegen nicht beworben werden darf wie Alkoholika oder Zigaretten, werden die Medien, ob sie es wollen oder nicht, zu Werbeträgern und PR-Agenturen, allein indem sie über das neue Produkt berichten. Wo endet die Information, wann beginnt die Werbung? Die Grenzziehung ist nicht einfach. In der Schweiz wurde von rechtspopulistischen Gruppen bereits die ausführliche Berichterstattung über die offene Zürcher Drogenszene an Platzspitz und Letten als öffentliche Bekanntgabe von Gelegenheiten zum unbefugten Erwerb von Drogen kritisiert. Falsch ist das nicht, würde nicht gleichzeitig unterstellt, gäbe es die Berichterstattung nicht, dann gäbe es auch keine offene Drogenszene. Wer so argumentiert, hat nicht verstanden, wie Subkulturen entstehen und wie sie funktionieren. Auch ohne Medienberichte findet noch der letzte an Drogen interessierte Innerschweizer Bergbauer den Weg zum offenen Markt in Zürichs Stadtzentrum. Nicht *daß*, sondern *wie* berichtet wird, ist das Problem.

Charakteristisch für die Drogenberichterstattung der meisten Medien ist eine Vielzahl von sich ständig wiederholenden »handwerklichen Fehlern«. Etwa wenn Drogen schlicht verwechselt werden, wenn ihnen nicht zutreffende Eigenschaften und Wirkungsweisen zugeschrieben werden, wenn ein durch den wissenschaftlichen Erkenntnisstand nicht gedecktes Risiko- und Gefahrenpotential unterstellt wird, wenn bei den Angaben über das Handelsvolumen Umsatz und Gewinn durcheinandergebracht werden.

Ein Ärgernis ist auch die Fixierung der Medien auf die regelmäßig zum Jahresende veröffentlichte Statistik der Drogentoten, die zum Gradmesser der aktuellen Gefahrenlage gemacht werden: mehr Tote – großes Problem, weniger Tote – kleines Problem. Mit der Sentimentalisierung und Personalisierung des Drogenproblems wird die Einsicht in dessen Ursachen verbaut. Darauf aber käme es an, wie prominente Vertreter der Schweizer Wirtschaft schon Mitte der 1990er Jahre in einer Stellungnahme zur Drogenfrage erklärten. Eine kohärente und ideologiefreie Drogenpolitik könne nur dann Erfolg haben, wenn die Bevölkerung die Komplexität erkenne und die Zusammenhänge entdecke. Personalisierung, auf welche die Medien glauben nicht verzichten zu können, ist eine ganz und gar untaugliche Methode bei der Darstellung und Analyse komplexer Zusammenhänge.

Die Kritik an »handwerklichen Fehlern« der Medien stößt da an ihre Grenze, wo Berichte über Drogen in eindeutig propagandistischer Absicht lanciert werden. Denn die Medien sind auch ein Tummelplatz drogenpolitischer Gesinnungstäter, die sich bereitwillig als Kriegsberichterstatter in den Dienst der Drogenkriegsstrategie stellen und den martialischen Drogenkriegsjargon der US-Regierung übernehmen. Als die *Crack*-Hysterie Mitte der 1980er Jahre in den USA auf ihrem Höhepunkt angelangt war, stieg die Redaktion von »Newsweek« mit einer pathetischen Ankündigung in die Kampagne des damaligen Präsidenten Ronald Reagan ein: »Folglich planen wir, das Drogenproblem als Krise zu behandeln, über die wir aggressiv berichten werden.«[148] Das liest sich dann so: »Eine Epidemie ist über Amerika gekommen, so beherrschend und gefährlich wie die Seuchen des Mittelalters.« Oder: »Die Japaner haben 1941 Pearl Harbour bombardiert, und wir sind in den Krieg gezogen. Heute werden kleine weiße Pakete über diesem Land abgeworfen, und niemanden scheint das zu interessieren.« Kriegsmetaphern und Katastrophenvokabular, wo man hinhört und hinschaut.

Daß die von den USA forcierte Militarisierung der Drogenpolitik sowohl in den angelsächsischen wie in den deutschsprachigen Printmedien registriert wird und auf teilweise heftigen Widerspruch stößt, sollte in diesem Zusammenhang nicht unerwähnt bleiben. Große Tageszeitungen wie die »New York Times«, die »Neue Zürcher Zeitung« und die »Süddeutsche Zeitung« oder »Le Monde Diplomatique« und die in der Schweiz erscheinende »Wochenzeitung« zeichnen sich durch eine konstante, differenzierte Berichterstattung und kompetente Kommentierung aus, was allerdings auf dem Boulevard, wo die Meinungen gemacht werden, nicht zur Kenntnis genommen wird.

3.7 *Das Szenario einer differenzierten Drogenlegalisierung ist vernünftig und wissenschaftlich
fundiert. Es ist frei von Ideologien und
Moralismen.*

Die auf Repression und Verbote setzende internationale Drogenpolitik ist gescheitert, der 1912 mit der Haager
Konferenz eingeschlagene Prohibitionskurs hat sich als
einer der großen politischen Irrtümer des vergangenen
Jahrhunderts erwiesen. Ein Kurswechsel ist überfällig.
Wer die Lage am internationalen Drogenmarkt nüchtern analysiert, kann zu keinem anderen Ergebnis kommen. »Wir sind davon überzeugt, daß der globale ›war
on drugs‹ inzwischen mehr Schaden anrichtet als der
Drogenmißbrauch selbst.«[149] Die Unterzeichner des am
8. Juni 1998 in der »New York Times« veröffentlichten
offenen Briefs an Kofi Annan fordern den Generalsekretär der Vereinten Nationen deshalb auf, »einen wahr-
haft offenen und ehrlichen Dialog über die Zukunft
globaler Drogenkontrollstrategien zu initiieren – einen
Dialog, in dem Angst, Vorurteile und Verfolgung abgelöst werden von Pragmatismus, wissenschaftlicher Evaluation, Gesundheitsförderung und der Einhaltung der
Menschenrechte«. Die Liste der Unterzeichner kann
sich sehen lassen. Mehr als sechshundert anerkannte
Experten, hochrangige Politiker, Minister und Präsidenten, Nobelpreisträger, Künstler, Intellektuelle, Journalisten und Geschäftsleute aus den Anbau- wie aus
den Verbraucherländern fordern ein Ende des Krieges.

Günter Amendt

Klagen über kriegsbedingte Menschenrechtsverletzungen in den Anbauländern sind nichts Neues. Schon seit Jahren fordern lateinamerikanische Schriftsteller und Intellektuelle, darunter Gabriel García Márquez, Carlos Fuentes und Mario Vargas Llossa, dieses »bestialische Drama« von Gewalt und Gegengewalt zu beenden und die Drogenprohibition aufzugeben. So und nur so sei die Macht der Kartelle zu brechen: »Die Organe der Vereinten Nationen schätzen den jährlichen Umsatz durch die illegale Drogenindustrie auf 400 Milliarden US-Dollar; das entspricht in etwa acht Prozent des gesamten Welthandels. Diese Industrie schafft mächtige kriminelle Organisationen, korrumpiert Regierungen auf allen Ebenen, weicht die internationale Sicherheit auf, stimuliert Gewalt und zerstört sowohl internationale Märkte als auch moralische Werte. Dies sind nicht etwa die Konsequenzen des Drogenkonsums per se, sondern einer jahrzehntelangen verfehlten und fruchtlosen Politik des ›war on drugs‹.«[150]

Wo so mächtige Interessen im Spiel sind, wäre es naiv anzunehmen, daß die für das Desaster politisch Verantwortlichen ihr Scheitern ohne weiteres eingestehen würden. Im Gegenteil: Teile der politischen Klasse sowohl in den Anbau- wie in den Verbraucherländern müssen daran interessiert sein, den bestehenden Zustand aufrechtzuerhalten, schließlich partizipieren sie an den exorbitanten Profiten, die der illegale Drogenhandel abwirft: *no prohibition – no extra profit.* Aber auch der zur Durchsetzung der weltweiten Drogenprohibition installierte Repressionsapparat – Militär, Polizei, Zoll und Geheimdienste mit den dazugehörigen Bürokratien sowie das Justiz- und das Strafvollzugssystem – würde im Falle eines Kurswechsels, soweit es um Drogen geht, seiner Existenzberechtigung beraubt. Bei der Suche nach einem vernünftigen Lösungsmodell ist der

Widerstand dieser Apparate nicht zu unterschätzen, denn die in mehreren UN-Konventionen im Verlauf des vergangenen Jahrhunderts illegalisierten Drogen legitimieren ein gigantisches, weltumspannendes Arbeitsbeschaffungsprogramm, dessen Dynamik zu erschlaffen drohte, würde das Prohibitionsdogma auch nur in Frage gestellt.

Trotz starker Beachtung in den Medien landete der offene Brief an Kofi Annan unbeachtet und unbearbeitet in der Ablage der UN-Verwaltung. Auch in den wichtigsten Verbraucherländern wurde die Anregung zu einem Dialog ohne Angst, Vorurteile und Verfolgung nicht aufgegriffen. Das Thema ist tabu, wohl auch, weil die drogenpolitische »lead nation« an einem Dialog nicht interessiert ist. Bezeichnenderweise befindet sich, von Ausnahmen abgesehen, keiner der Minister und Präsidenten, die den offenen Brief an den Generalsekretär unterschrieben haben, noch im Amt. Nur in der Schweiz, die erst zu Beginn des neuen Jahrtausends der UNO beigetreten ist, gibt es eine Bereitschaft zu einer »wissenschaftlichen Evaluation«, wie sie die Unterzeichner des offenen Briefes angeregt haben. Schon im Juni 1996 – zwei Jahre vor Veröffentlichung des offenen Briefs – legte die Eidgenössische Betäubungsmittelkommission einen Bericht[151] vor, der Szenarien einer Drogenpolitik ohne Prohibition durchspielt. Ausgangspunkt sind drei Grundmodelle, an denen sich die Drogenpolitik der Europäischen Union und der Schweiz orientiert: das therapeutische Modell; das Modell der sozialen Kontrolle; das Modell der Schadensminimierung.

Das therapeutische Modell sieht abhängige Drogenkonsumenten in erste Linie als Kranke, die vom Staat im Rahmen seines Auftrags zur Wahrung der Volksgesundheit geheilt werden müssen. Der Staat organisiert zu diesem Zweck ein System gesundheitlicher Betreuung, überläßt es aber der drogenabhängigen Person, das therapeutische Angebot anzunehmen oder abzulehnen.

Das Modell der sozialen Kontrolle geht von dem Ziel einer drogenfreien Gesellschaft aus und stellt den Abstinenzgedanken in den Vordergrund. Das Drogenproblem erscheint als grundsätzlich beherrschbar. Ausgeprägte soziale Kontrollen sowie Repression auch gegen Konsumentinnen und Konsumenten gehören zu den charakteristischen Merkmalen dieses Modells.

Im Modell der Schadensminimierung wird die Tatsache, daß ein Teil der Bevölkerung Drogen konsumiert, als Realität zur Kenntnis genommen und akzeptiert. Drogenkonsum und Drogenabhängigkeit werden als vorübergehende Phase in der Entwicklung eines Menschen begriffen. Diese mit möglichst geringen gesundheitlichen und sozialen Schäden zu überstehen ist Ziel dieses Modells, das die Grundrechte von Drogenkonsumenten respektiert.

Allen von der Kommission herausgearbeiteten Grundmodellen ist gemeinsam, daß sie die ökonomische Dimension des Drogenproblems ignorieren und an der »Repression« des organisierten Drogenhandels« festhalten, auch wenn im therapeutischen Modell wie auch im Modell der Schadensminimierung der individuelle Konsum von Drogen nicht kriminalisiert wird.

In einem zweiten Schritt entwickelte die Kommission dann, ausgehend von den drei Grundmodellen, verschiedene Szenarien einer staatlichen Drogenpolitik: »Szenarien sind Versuche, befreit von allen politischen und institutionellen Sachzwängen, in Alternativen zu denken. Dabei wurde der Versuch unternommen, die Szenarien so wertfrei wie möglich zu halten.«

Der Kommissionsbericht spielt alle Varianten möglicher Lösungen zwischen den Extremen einer konsequenten Repressionspolitik einerseits und der vollständigen Deregulierung des Drogenmarkts andererseits durch, ohne sich jedoch bei den Extremszenarien lange aufzuhalten, denn das Szenario einer repressiv orientierten Drogenpolitik »entspricht weltanschaulich in keiner Weise den Gegebenheiten eines Landes, das seine Bürger als mündig und selbstverantwortlich ansieht. Die starke Distanz zu den gegebenen gesellschaftlichen Realitäten lassen eine vertiefte Analyse dieses Modells unnötig erscheinen.« Ähnlich bewertet die Kommission auch die andere Extremvariante eines völlig deregulierten Drogenhandels. »Dieses ›Extremszenario‹ wird weder den gesellschafts- noch staatspolitischen Kriterien gerecht. Seine Folgen auf den Gesundheits- und Sozialbereich sind in keiner Weise abschätzbar. Das fehlende Element des Staates im Präventions- wie im Fürsorgebereich lassen dieses Modell als mit unseren staatspolitischen Grundsätzen unvereinbar sein.«

Es spricht für die politische Vernunft der Kommission, beide Extremszenarien von vornherein als praktisch nicht durchführbare und politisch nicht akzeptable Lösungsvarianten auszuschließen. In der drogenpolitischen Auseinandersetzung bleibt das Repressionsszenario als permanente Drohgeste dennoch präsent. Denn in diesem Szenario spiegelt sich das Welt- und Menschenbild des rechtsbürgerlichen Lagers und der neonazistischen Szene, wo »Drogen als fremde, gesundheitsgefährdende und in unserer Kultur nicht tolerierte Substanzen« gesehen werden. Die Handhabung von Drogen sei individuell nicht beherrschbar, weswegen das Schwergewicht aller drogenpolitischen Maßnahmen in der konsequenten Bekämpfung jeder Form von Konsum und Handel illegaler Drogen liege. Abhängige werden als in ihrer Willens- und Entscheidungsfreiheit eingeschränkt verstanden. Sie müssen auf jeden Fall – auch mit Zwangsmaßnahmen –

zur Abstinenz geführt werden. Eine drogenfreie Gesellschaft soll mit allen – auch autoritären – Mitteln durchgesetzt werden. Dabei versteht sich fast von selbst, daß die Abstinenzforderung nur illegalen Drogen gilt und keinesfalls auch Alkohol oder Psychopharmaka meint. Das Szenario baut ganz auf Abschreckung: »Vom Individuum wird erwartet, daß es bereit und fähig ist, unter allen Umständen auf den Genuß von Drogen zu verzichten. Wer dazu nicht willens oder fähig ist, wird vom Staat mit Hilfe konsequent angewandter Sanktionen dazu gezwungen. Drogenkonsum ist ausdrücklich nicht Teil des gesellschaftlichen Lebens.«

Der Kommission ist zuzustimmen, wenn sie davon ausgeht, daß autoritäre Lösungen, wie sie das Abstinenzund Repressionsmodell vorsieht, derzeit in Westeuropa politisch nicht durchsetzbar sind, wobei die Betonung auf *derzeit* liegt. Denn der Gedanke, das Drogenproblem unter Einsatz von Zwangsmitteln zu lösen, trifft, wie Meinungsumfragen und Wahlergebnisse belegen, bei einem erheblichen Teil der Bevölkerung auf mehr oder weniger offene Zustimmung. Überall in Europa sind Parteien und Gruppierungen aktiv, die autoritäre Lösungen – sprich: Zwangsmaßnahmen gegen Drogenkonsumenten – propagieren.

Dieses Szenario ist im rechten Milieu auch deshalb so attraktiv, weil die Propagandisten von autoritär-repressiven Lösungen nicht nur die Konsumenten, sondern auch die kriminellen Dealer von Drogen ins Visier nehmen. Mit der Fixierung auf »den Dealer«, welcher den Stoff an die Endverbraucher bringt, wird die Wahrnehmung der tatsächlichen Geschäftsabwicklung, der Risikoverteilung und der Gewinnaufteilung grob verzerrt. Unterschlagen wird, daß das hochprofitable Geschäft auf mehreren Handelsstufen abgewickelt wird und ohne die Mitwirkung von Banken und deren globalem System der Geldwäsche nicht möglich wäre. Doch das Interesse der Öffentlichkeit konzentriert sich auf den Dealer am Endverbrauchermarkt.

Im autoritären Denken des rechtsbürgerlichen und neonazistischen Lagers ist das Drogenproblem nur bei einer klaren Zuweisung von »gut« und »böse« überhaupt darstellbar. Daraus ergibt sich, daß die abstrakten Mechanismen des internationalen Handels schwerer vermittelbar sind als etwa die Abwicklung eines Kleindeals am Endverbrauchermarkt mit Dealer und Kunden und Ware gegen Geld. Die Fixierung auf den Dealer ist jedoch mehr als nur die Folge eines medialen Darstellungsproblems. Auf der Suche nach dem »Bösen« bietet sich der Dealer zur Personalisierung des Drogenproblems ganz einfach an, weil die meisten Dealer auf den westeuropäischen Verbrauchermärkten erkennbar Fremde sind, so daß sich das hochbrisante sogenannte Drogenproblem mit dem nicht minder brisanten sogenannten Ausländerproblem zu einem rechtspopulistischen Sud verrühren läßt, der europaweit von einem erheblichen Teil der wahlberechtigten Bürgerinnen und Bürger goutiert wird. Zu den Gewinnern im Suchtgeschäft gehört also neben den direkten Profiteuren auf allen Handelsstufen und deren Handlangern bei der Polizei, dem Zoll, dem Militär und in den Verwaltungsapparaten auch jener Teil der politischen Klasse, der auf Repression setzt. Sie alle schlagen politischen Profit aus der Dealer-Saga.

Daß das Repressionsmodell derzeit dennoch chancenlos ist, liegt weniger an politisch-ideologischen Bedenken als an der schlichten Tatsache, daß dieses Modell nicht finanzierbar ist: »Bei der Einführung dieses Szenarios steigen die Kosten stark mit der Zunahme der Repression. Steigende Kosten für die Gesellschaft würden vor allem in Hinblick auf die Schaffung und den

Günter Amendt

Betrieb von Zwangsentzugs- und Zwangstherapieplätzen entstehen. Aber auch die Zunahme des polizeilichen Personals und seiner Einsätze würden zu einer Vermehrung der Ausgaben führen. Zudem müßte mit den wirtschaftlichen Folgen eines mutmaßlich zunehmenden Schwarzmarktes gerechnet werden.« Zwangstherapien rechnen sich nur dann, wenn der Staat bereit ist, auf therapeutische Mindeststandards zu verzichten, und anstelle von Therapie auf Verwahrung setzt: »Ab ins Lager«, ein Horrorszenario für die einen, eine vielversprechende Vision für andere.

Politisch sehr viel weniger verankert ist das andere Extremszenario einer bedingungslosen Freigabe von Drogen, wohl auch deshalb, weil der bedingungslose Glaube an die Selbstregulierungskräfte der »freien Markwirtschaft« in den letzten Jahren gelitten hat: »Im Vordergrund stehen die Freiheit des einzelnen, die Selbstverantwortung und das Vertrauen in die positiven Auswirkungen der freien Marktwirtschaft. Diese Elemente werden konsequenterweise auch auf den Drogenkonsum- und -handel angewendet.« Selbst hartnäckige Vertreter des europäischen Neoliberalismus scheuen sich, dieses Szenario offensiv zu vertreten. Ganz anders in den USA, wo der Gedanke, daß der Staat sich aus der Drogenpolitik völlig zurückzieht und den Drogenkonsum und den Drogenhandel dem freien Wettbewerb überläßt, in einflußreichen Teilen der politischen Klasse durchaus populär ist und auch nach außen offen vertreten wird.

In fast allen westeuropäischen Ländern haben sich Risikobegrenzung und Schadensminimierung als Maximen einer vernünftigen Drogenpolitik durchgesetzt. Dem steht das US-amerikanische »zero tolerance«-Dogma gegenüber. Mag die Zahl der HIV- und Hepatitisinfektionen auch dramatisch steigen und die Verelendung von Drogenabhängigen in den großen amerikanischen Städten voranschreiten – die Abgabe von Kondomen und sauberen Spritzen wäre nur ein Signal des Nachgebens und ein Verstoß gegen das Null-Toleranz-Dogma. Es ist nicht zu erkennen, daß die Regierung der USA jetzt oder in naher Zukunft bereit wäre, sich von ihrer repressiven Drogenpolitik zu verabschieden und das Szenario der Schadensminimierung zu übernehmen, dessen Ziel nicht eine drogenfreie, sondern eine suchtarme Gesellschaft ist: »Der Konsum von Drogen ist unerwünscht. Dort aber, wo Drogenkonsum eine Realität ist, wird er nicht dramatisiert. Ein wichtiges Element ist das Respektieren der gesellschaftlichen, kulturellen und medizinisch-therapeutischen Vielfältigkeit. Die individuelle Verschiedenheit der Menschen und der Situationen, in denen zu Drogen gegriffen wird, wird ernst genommen, und die Drogen werden dementsprechend sowohl gemäß ihrem Gefährdungspotential wie gemäß der aktuellen Konsumsituation differenziert betrachtet.« Der Verzicht auf eine drogenfreie Gesellschaft schließt autoritäre Lösungen grundsätzlich aus. Dieses Szenario geht davon aus, »daß in unserer Gesellschaft Drogen konsumiert werden. Drogenkonsum findet statt, weil die Wirkung als Genuß erlebt wird oder weil mit der Wirkung von Drogen versucht wird, spezifische Leiden zu lindern, für die man im Augenblick keine besseren Lösungen findet.«

In ihren abschließenden Empfehlungen entschied sich eine Mehrheit der Subkommission »Drogenfragen« nach Abwägung aller Aspekte für das zweifellos radikalste Szenario einer differenzierten Drogenlegalisierung: »Dieses Szenario geht von einer Gesellschaft aus, in welcher das Individuum sowohl Selbstverantwortung als auch Verantwortung für andere wahrnimmt. Die Gesellschaft setzt aber auch Grenzen, bietet Hilfen an und übernimmt dort für andere Verantwortung, wo diese sie selbst nicht mehr übernehmen können. Das Szenario geht von der Tatsache aus, daß es verschiedene Gründe für den Suchtmittelkonsum gibt (Neugierdekonsum, genußorientierter Konsum, Konsum zur Bewältigung von Problemen etc.). Jede Form von Konsum kann, muß jedoch nicht zu gesundheitlichen und/oder sozialen Problemen führen. Ob es zu solchen Problemen kommt oder nicht, hängt häufig mehr von der Persönlichkeit der Konsumentin oder des Konsumenten und den Rahmenbedingungen des Umfeldes als von der Droge selbst ab.«

Der diesem Szenario zugrundeliegende Denkansatz ist vernünftig und wissenschaftlich fundiert. Er ist frei von Ideologien und Moralismen. Der Konsum von Drogen wird ausdrücklich als gesellschaftliches Problem und gleichzeitig als unumstößliche Realität anerkannt. »Das Modell stellt selbstverantwortliche Bürgerinnen und Bürger in den Vordergrund und respektiert unterschiedliche Lebensstile. Wenn ihr Drogenkonsum problematisch wird oder gar in Sucht umschlägt, stehen den Konsumierenden diversifizierte Hilfsangebote zur Verfügung.«

Anders als das neoliberale Modell einer bedingungslosen Freigabe von Drogen sieht das Szenario einer differenzierten Drogenlegalisierung staatliche Eingriffe beziehungsweise Regulierungen vor: »Es wird eine Differenzierung der Drogen nach ihrer Schädlichkeit eingeführt; dies bedeutet die Legalisierung des Cannabismarktes. Dagegen werden als gefährlich eingestufte Drogen wie *Heroin* und *Kokain* über Staatsmonopole und damit auch über klar definierte Kontrollorgane zugänglich gemacht. Als besonders schädlich eingestufte Drogen bleiben weiterhin verboten. Die Werbung für Drogen ist verboten. Die Produktqualität der abgegebenen Drogen wird staatlich reglementiert und überwacht. Drogen können mit Bewilligung der staatlichen Kontrollorgane auch ohne ärztliche Verschreibung abgegeben werden, z. B. in Apotheken.«

Das Szenario verzichtet nicht auf Repression. Der Staat und seine Exekutivorgane setzen das staatliche Drogenmonopol mit polizeilichen Mitteln durch, um illegale Anbieter fernzuhalten. Je näher allerdings der Endverbraucherpreis bei den Gestehungskosten liegt, je geringer also der Profit, desto geringer ist die Wahrscheinlichkeit, daß illegale Anbieter überhaupt noch auftreten. Es lohnt sich ganz einfach nicht mehr, Drogen illegal zu handeln. Diese Lösungsvariante ist das Ergebnis einer sorgfältigen Güterabwägung auf der Grundlage einer realistischen Kosten-Nutzen-Analyse, wobei Einigkeit darin besteht, »daß Drogen (legale wie illegale) ein nicht zu vernachlässigendes Gefahrenpotential besitzen. Niemand ist der Auffassung, eine Gesellschaft mit einem Überfluß an Suchtmitteln und einer hohen Permissivität gegenüber dem Konsum stelle ein wünschenswertes Ziel dar«.

3.8 Gewinn- und Verlustrechnung. Maximen einer Drogenpolitik der praktischen Vernunft

Was ist gewonnen, was geht verloren, wenn die heute illegalisierten Drogen eines Tages tatsächlich legalisiert werden und als Heil- und Genußmittel vermarktet werden wie andere Heil- und Genußmittel auch? Eindeutig beantworten läßt sich diese Frage nicht, da manche flankierende Maßnahme erst in der praktischen Umsetzung überhaupt als Problem erkannt werden und manche Voraussage über das zu erwartende Marktgeschehen sich als Fehlspekulation erweisen wird. Doch bei allem Spekulativen gibt es einige unumstößliche Tatsachen von erheblichem politischen und ökonomischen Gewicht, die auf der Gewinnseite zu buchen sind.

Die Legalisierung von Drogen ist gleichbedeutend mit der Enteignung der Drogenhändler und der Entmachtung des Drogenkapitals. Schätzungen über den Jahresumsatz der organisierten Kriminalität gehen weit auseinander. Ein italienisches Wirtschaftsmagazin hat für das Jahr 1997 den Umsatz von illegalen Gütern und Dienstleistungen auf dem europäischen Markt mit 350 Milliarden US-Dollar veranschlagt. Auf die Sparte »Rauschgiftkriminalität« entfällt rund ein Drittel aller Umsätze. In anderen Berechnungen ist es die Hälfte. So oder so: Eine legale Wirtschaftsbranche, deren Umsätze in diesem Ausmaß vom einen auf den anderen Tag wegbrechen, wäre erledigt. Weg vom Markt. Und weg von der Macht. Doch das organisierte Verbrechen wird bleiben, geschwächt zwar, aber dank Diversifizierung vorbereitet auf Umsatzeinbrüche. Menschenhandel zum Zweck der Prostitution macht bereits ein Fünftel ihres Gesamtumsatzes aus. Aber auch traditionelle Sparten wie Schutzgelderpressung und Waffenhandel, Kunst- und Antiquitätenhandel oder Müllhandel und Schleusung – Branchen mit großer Zukunftsperspektive – machen Umsätze in Milliardenumfang. Nur der illegale Waffenhandel, der von Drogendollars lebt, wird mit dem Zusammenbruch des illegalen Drogenhandels erhebliche Umsatzeinbußen erleiden. Eine positive Nebenwirkung der Drogenlegalisierung.

Auch in den Anbauländern und dort, wo Mohn zu *Heroin* und Koka zu *Kokain* verarbeitet werden, hätte die Aufhebung der Prohibition weitreichende soziale, politische und ökonomische Folgen. Doch auch hier gibt es Gewinner und Verlierer. Zu den Gewinnern gehörten zweifellos die Bauern in den Höhenregionen der Anden, ihnen würde wieder erlaubt sein, Koka anzubauen und auf den lokalen Märkten anzubieten, ohne Repressionen befürchten zu müssen. Daß das Ausbleiben der in die jeweilige Landeswährung umgetauschten – sprich: gewaschenen – Drogendollars zu wirtschaftlichen Verwerfungen führen wird, ist unbestreitbar. So würde die Einfuhr von Luxusgütern aus den USA und der Europäischen Union drastisch zurückgehen und einen lukrativen Handelszweig lahmlegen. Niemand aber weiß, wie schwerwiegend die gesamtwirtschaftlichen Folgen einer Legalisierung für die Anbau- und Produzentenländer tatsächlich wären. Ein Versäumnis, welches der UNO anzulasten ist, denn in deren für die Drogenfrage zuständigen Gremien ist jeder Gedanke an eine Alternative verpönt. Der von den

Kritikern der UN-Drogenpolitik geforderte »offene und ehrliche Dialog«, der eine »wissenschaftliche Evaluation« der bisherigen Politik und die Möglichkeit einer Legalisierung nicht ausschließt, wird weiterhin verweigert.

Unumstößliche Tatsache ist auch, daß die Preise für chemisch sauberes *Heroin* und *Kokain* vom Tage der Legalisierung an auf ein Niveau fallen werden, das jede illegale Produktion unrentabel machen wird. Das ist keine Glaubensfrage, sondern eine ökonomische Gesetzmäßigkeit. Ein reales Gramm reines *Heroin*, legal hergestellt, kostet zwischen zwei und drei Euro – höchstens.* Da der Staat nach dem Modell einer differenzierten Legalisierung für Preisfestlegung und Preiskontrolle verantwortlich ist, wird er den Endverbraucherpreis so nahe wie möglich bei den Gestehungskosten festlegen, um keine Anreize für die Aufnahme einer illegalen Produktion zu schaffen.

Völlig zu Recht werben Gegner der Drogenprohibition auch mit dem Wegfall der Repressionskosten für den Fall einer Legalisierung. Sie seien ebenfalls auf der Gewinnseite zu verbuchen. Kriminalitätsbekämpfung und Strafvollzug machen nach Berechnungen von Hartwig und Pries[152] sechsundvierzig Prozent der »sozialen« Kosten der illegalen Opiatabhängigkeit in Deutschland« aus. (Diese Berechnungen wurden bereits 1992 erstellt und sollen hier nur einen Eindruck von den Größenordnungen, um die es geht, vermitteln.) Zu den Repressionskosten kommen die Gesundheitskosten, also der Aufwand für Akutbehandlung, Therapie und Drogenprävention – mit 4,4 Prozent des Gesamtvolumens der

---

* Heute kostet ein Gramm *Heroin* auf der Straße um die € 40. Wäre es ein reales Gramm, dann kostete die Droge € 80, und wäre es reines *Heroin*, dann kostete die Droge um die € 500.

kleinste Posten. In volkswirtschaftlichen Modellrechnungen werden diesen Kosten dann noch die durch Morbidität und Mortalität entstandenen Kosten zugeschlagen. Hierbei handelt es sich um Kosten, die von Menschen im erwerbsfähigen Alter verursacht werden, die das Gesundheits- und Sozialsystem beanspruchen, ohne dafür eine Gegenleistung zu erbringen. Diese Produktivitätsverluste betragen nach Hartwig und Pries neunundvierzig Prozent des Gesamtvolumens aller sozialen Kosten. In diese Rechnung einzubeziehen wären auch die nur schwer bezifferbaren, von der Drogenkriminalität verursachten immateriellen Kosten: die Zerstörung von Familien und Beziehungen, die Zerstörung ganzer Stadtteile und Wohnquartiere, die Korrumpierung des politischen Systems. Auch die gesundheitlichen Folgen der Beschaffungsprostitution, der Verbreitung von Geschlechtskrankheiten und des HI-Virus wären der Gesamtkostenrechnung zuzuschlagen.

Wenn man die Kosten der Drogenprohibition für die Bundesrepublik Deutschland heute, konservativ geschätzt, zwischen sieben und zehn Milliarden Euro pro Jahr veranschlagt, hat man eine Größenordnung, die nahe an der Realität ist. Davon abzuziehen wären die Kosten für Maßnahmen zur Legalisierung von Drogen, etwa zur Finanzierung des Kontrollapparats. Wissenschaftliche Berechnungen über den Umfang der im Prozeß der Legalisierung entstehenden Kosten existieren nicht. Selbst wenn man sie hoch ansetzt, bliebe noch immer eine beachtliche Legalisierungsdividende.

Anders als die Kosten für den Produktivitätsausfall, die auf abstrakten Berechnungen beruhen, sind die Kosten für Repression – Polizei, Justiz, Zoll, Strafvollzug – reale Ausgaben, die den Staatshaushalt von Jahr zu Jahr neu belasten. In welchem Umfang die freige-

Günter Amendt

setzten Repressionskosten den Haushalt tatsächlich entlasten würden, hängt von politischen Entscheidungen ab. Naheliegend wäre ein Rückbau des Strafvollzugssystems. Da mit der Legalisierung logischerweise eine Amnestie aller Drogendelinquenten verbunden wäre, soweit sie nicht wegen anderer Straftaten verurteilt wurden, würde sich die Zahl der Gefängnisinsassen weltweit um dreißig Prozent, in einigen US-Bundesstaaten bis zu sechzig Prozent verringern. Die Rauschgiftdezernate könnten aufgelöst werden, der Zoll könnte seine Spezialisten anderswo einsetzen, die mit Drogenfällen überforderten Gerichte würden entlastet. Ein Teil der Legalisierungsdividende würde in den Apparaten hängenbleiben und dort versickern, auch das ist eine Gesetzmäßigkeit, ein anderer Teil zur Bekämpfung der Wirtschaftskriminalität, wo die Justiz selbst großen Handlungsbedarf sieht, umgeschichtet werden. Trotzdem bliebe eine spürbare Entlastung des Staatshaushalts.

Mit der Legalisierung würde auch die Ungleichbehandlung der verschiedenen Rauschsubstanzen und die Diskriminierung bestimmter Konsumentengruppen beendet. Das würde zu einer Stärkung des Rechtsbewußtseins und der Rechtssicherheit führen. Beendet würde auch die Förderung krimineller Karrieren, denn jede Kriminalisierung ist immer auch eine Stigmatisierung und damit allzuoft der Beginn eines Außenseiterdaseins.

Wenn Drogen an eigens dafür geschaffenen Verkaufsstellen legal zu beziehen wären, würde der Straßenhandel zusammenbrechen. Niemand wäre mehr gezwungen, andere zum Kauf von Drogen zu animieren, um seinen Eigenbedarf zu finanzieren. Es gäbe keine Beschaffungskriminalität mehr und keinen Drogenstrich. Das Risiko von HIV-Neuinfektionen würde verringert, auch weil Einwegspritzen problemlos zu beschaffen wären und der Konsument ein Leben ohne Beschaffungs- und Kontrollstreß führen könnte. (Bereits die Einrichtung von Fixerstuben, die einen streßfreien Konsum von mitgebrachtem Stoff erlauben, hat sich positiv auf das Hygieneverhalten von Junkies ausgewirkt.)

Auch Produktivitätsverluste würden zumindest teilweise kompensiert, denn viele mit sauberem Stoff versorgte Junkies sind fähig und willens zu arbeiten, vorausgesetzt, sie finden eine Arbeit. Auf jeden Fall wäre die Straße frei von Händlern auf der Suche nach Kundschaft. Was auf der Straße bleiben wird, ist das soziale Problem. Die meisten Drogenabhängigen, die in der offenen Szene verkehren, sind obdachlos, arbeitslos und arm. Und viele sind psychisch krank. Ihre Drogenabhängigkeit ist meist nur das Symptom einer tiefer liegenden Störung. Die Aufhebung der Prohibition und die Aufgabe des Straßenhandels würden also nicht automatisch zu »sauberen Innenstädten« führen, wie sie von populistischen Gruppen und Parteien gefordert werden. Daß sich Nichtseßhaftigkeit, Polytoxikomanie, also Mehrfachabhängigkeit, und Kriminalität »gegenseitig verstärken«, wie es in der 1995 von der niederländischen Regierung veröffentlichten Studie heißt, ist unbestreitbar. Das *ist* ein Problem. Man müsse aber auch akzeptieren, sagen die Autoren, daß ein bestimmter Prozentsatz aller Drogenabhängigen, aus welchen Gründen auch immer, einen unangepaßten Lebensstil sucht, ohne dabei kriminell werden zu müssen.

Wird die Zahl der *Heroin*toten steigen, oder wird sie sinken? Noch so eine Frage, die schwer zu beantworten ist, sowohl aus methodischen wie aus politischen Gründen. Die im Jahresrhythmus veröffentlichte Blutzollstatistik wird nicht nur von Politikern mißbraucht, um den Erfolg der eigenen Politik beziehungsweise den Mißerfolg des politischen Gegners zu dokumentieren, sie ist darüber hinaus auch nur wenig aussagekräftig. Sie sagt zum Beispiel nichts über die wahre Todesursache. Der Tod eines Junkies läßt sich nur selten auf den Konsum von *Heroin* allein zurückführen; in den meisten Fällen ist es ein Mix von Substanzen in einem geschwächten Körper, die den Tod verursachten. Wenn Vertreter von Elternverbänden drogenabhängiger Jugendlicher sagen, unsere Kinder sind nicht Opfer der Droge, sondern der herrschenden Drogenpolitik, dann ist das zwar polemisch zugespitzt, hat aber einen wahren Kern. Hätten sie den Stoff bekommen, nach dem sie verlangten, sauber und mit Dosierungsangabe, sie würden heute wahrscheinlich noch leben.

Auffällig viele *Heroin*abhängige sterben nach einer durch Knast oder Therapie erzwungenen Abstinenzphase. Oft fehlen ihnen die für die richtige Dosierung nötigen Informationen über die Beschaffenheit des Stoffes, der gerade kursiert, wenn sie wieder einsteigen. Auch ist die Toleranz des geschwächten Körpers eines Junkies nach einer erzwungenen Abstinenzphase so gesunken, daß die sonst übliche Dosis nun tödlich wirken kann. Zwangstherapien und Zwangsentzug wegen Inhaftierung würde es unter den Bedingungen der Legalität nicht mehr geben, ebensowenig wie Fehldosierungen wegen verunreinigten Stoffs aufgrund mangelnder Marktinformation. Mit der Legalisierung von *Heroin* würden diese Risikofaktoren verringert und somit die Überlebenschancen von *Heroin*abhängigen steigen.

Bleibt die Frage aller Fragen: Wird die Zahl der Drogenkonsumenten zunehmen?

Antwort eins: Sie wird zunehmen, wenn alles so

bleibt, wie es ist, und die Prohibition beibehalten wird. Das läßt sich mit Sicherheit voraussagen und mit den jährlichen Berichten des Suchtstoffkontrollrates der Vereinten Nationen auch belegen.

Antwort zwei: Die Nachfrageentwicklung für den Fall einer regulierten Freigabe ist schwer vorhersagbar. Die Gegner der Drogenprohibition haben der Horror-propaganda der Befürworter nur Plausibilitätsüberle-gungen entgegenzusetzen. Das ist ihre Schwachstelle in der öffentlichen Auseinandersetzung. Eine wissen-schaftlich gesicherte und empirisch belegte Beweisfüh-rung für die Richtigkeit ihres Modells gibt es nicht und kann es nicht geben, weil das Legalisierungsprojekt historisch ohne Beispiel ist. Die Erfahrungen mit der Alkoholprohibition in den USA sind nur bedingt über-tragbar. Damals fiel man nach Aufhebung des strikten Alkoholverbots vom einen Extrem ins andere. Von nun an waren Alkoholika ohne Einschränkung zur Ver-marktung freigegeben.

Das Modell einer differenzierten Freigabe von Dro-gen ist kein Projekt neoliberaler Marktfetischisten. Eine Drogenlegalisierung ohne staatliche Rahmenbedingun-gen – ohne Auflagen und Verbote – ist nicht verant-wortbar. Trotzdem unterstellen die Gegner des Frei-gabemodells eine Nachfrageexplosion vom Tag der Freigabe an. Die Annahmen, auf die sie ihre Prognosen stützen, belegen nur einmal mehr, wie wenig sie von den Motiven und Präferenzen eines Menschen, der Drogen nimmt, verstanden haben.

Nicht jede und jeder ist scharf auf jede Droge, die am Markt frei erhältlich ist. In den Niederlanden, wo Can-nabis quasi legal und jederzeit verfügbar ist, bleibt die Zahl der Konsumentinnen und Konsumenten nun schon über Jahre hinweg konstant – mit leicht fallender Tendenz. In den USA hingegen, wo Cannabispflanzer und Cannabiskonsumenten unter starkem Repressionsdruck stehen, ist die Zahl der Konsumenten kontinuierlich gestiegen.

Die Befürworter des hier diskutierten Freigabemodells nehmen das Risiko einer zumindest vorübergehenden Nachfragesteigerung bei der einen oder anderen heute illegalisierten Droge in Kauf. Sie halten dieses Risiko für vertretbar. Das sollte offen ausgesprochen werden, auch wenn sich am Ende herausstellen sollte, daß das Risiko keines war.

Drogen sind Genußmittel, wenn sie mäßig und kontrolliert genossen werden, Drogen sind medizinisch indizierte Hilfsmittel zur Bewältigung psychischer Probleme, Drogen sind Betäubungsmittel zur Linderung von körperlichem Schmerz, Drogen sind Suchtmittel, wenn der Konsum außer Kontrolle gerät, Drogen sind Zahlungsmittel im Netzwerk der organisierten Kriminalität, Drogen sind Druckmittel zur Durchsetzung autoritärer »law and order«-Strategien. Das ist die drogenpolitische Realität.

Die Tatsache anerkennen, daß Menschen Drogen als Genußmittel konsumieren, über die Risiken von Drogen ohne Verbotsdrohung und ohne moralische Überheblichkeit aufklären, Überlebenshilfen bereitstellen für Menschen, die in einen Suchtkreislauf geraten sind, ein differenziertes Therapieangebot schaffen, das den unterschiedlichen Biografien von Drogenabhängigen gerecht wird, das Prohibitionsdogma aufgeben, den Angebotsdruck brechen, Suchtmittelwerbung verbieten und die politischen Prohibitionsgewinnler entlarven und kaltstellen, das sind die Maximen einer Drogenpolitik der praktischen Vernunft.

Nachweise

1 Anders, G., Die Antiquiertheit des Menschen. Über die Seele im Zeitalter der zweiten industriellen Revolution. München: C. H. Beck, 1961, S. 17 ff.
2 Luttwark, E., Turbo-Kapitalismus. Gewinner und Verlierer der Globalisierung. Hamburg/Wien: Europa Verlag, 1999
3 Schivelbusch, W., Das Paradies, der Geschmack und die Vernunft. Eine Geschichte der Genußmittel. München/Wien: Hanser, 1980, S. 238
4 Le Monde Diplomatique, 7/2002
5 Marx, K., und F. Engels, Manifest der Kommunistischen Partei. Berlin: Dietz Verlag, 1969, S. 16
6 Neue Zürcher Zeitung, 16. 11. 1999
7 Fukuyama, F., Das Ende des Menschen. Stuttgart/München: Deutsche Verlagsanstalt, 2002. Der englische Titel lautet: Our Posthuman Future. Consequences of the Biotechnology Revolution. New York: Farrar, Strauss and Giroux, 2002.
8 Uchtenhagen, A., Quattro Stagioni. Suchtpräventionsstelle der Stadt Zürich. Info-Blatt Winter 1999
9 Süddeutsche Zeitung, 1. 2. 2002
10 Süddeutsche Zeitung, 15. 6. 2001
11 Amendt, G., Die Droge, der Staat, der Tod. Auf dem Weg in die Drogengesellschaft. Hamburg: Rasch und Röhring, 1992, S. 51
12 Süddeutsche Zeitung, 31. 1. 2003
13 Süddeutsche Zeitung, 13. 8. 2002
14 Süddeutsche Zeitung, 8. 7. 2002
15 Süddeutsche Zeitung, 8. 7. 2002
16 Frankfurter Rundschau, 23. 3. 2000
17 Süddeutsche Zeitung, 5. 7. 2002
18 Süddeutsche Zeitung, 5. 7. 2002
19 Frankfurter Rundschau, 16. 3. 2001

20 Die Wochenzeitung, 3. 2. 2000
21 Süddeutsche Zeitung, 7. 2. 2001
22 Süddeutsche Zeitung, 2. 3. 2001
23 Süddeutsche Zeitung, 22. 3. 2001
24 Süddeutsche Zeitung, 19. 11. 2001
25 Süddeutsche Zeitung, Olympia 2000
26 Süddeutsche Zeitung, 4. 3. 2003
27 Süddeutsche Zeitung, 5. 7. 2002
28 Süddeutsche Zeitung, 16./17. 6. 2001
29 Süddeutsche Zeitung, 16. 7. 2002
30 Die Wochenzeitung, 10. 1. 2002
31 Süddeutsche Zeitung, 17. 5. 2001
32 Süddeutsche Zeitung, 13. 7. 2001
33 Süddeutsche Zeitung, 14. 2. 2001
34 Rufer, M., Glückspillen. Ecstasy, »Prozac« und das Come-back der Psychopharmaka. München: Droemersche Verlagsanstalt, 1995
35 Die Wochenzeitung, 19/2002
36 Süddeutsche Zeitung, 11. 3. 2003
37 Süddeutsche Zeitung, 28. 5. 2001
38 Fukuyama, F., S. 22 ff.
39 Fukuyama, F., S. 241
40 International Narcotics Control Board. Report 2000. New York, 2001
41 Mabuse 123, Februar 2000
42 International Narcotics Control Board, S. 5
43 Der Spiegel, 11/2002
44 Der Spiegel, 49/2000
45 Fukuyama, F., S. 287
46 Süddeutsche Zeitung, 24. 6. 2002
47 Süddeutsche Zeitung, Supplement Marketingtag 2001
48 Kleiber, D., und K. A. Kovar, Auswirkungen des Cannabiskonsums. Eine Expertise zu pharmakologischen und psychosozialen Konsequenzen. Stuttgart: Wissenschaftliche Verlagsgesellschaft, 1997
49 Der Spiegel, Nr. 33/2002, 12. 8. 2002
50 Walder, P., und G. Amendt, Ecstasy & Co. Alles über Partydrogen. Reinbek: Rowohlt, 1997
51 Bröckers, M., Hanfdampf und seine Kriegsgewinnler. Kleine Kulturgeschichte der nützlichsten Pflanze der Welt. In: Transatlantik 3, S. 44–53
52 Cannabisbericht der Eidgenössischen Kommission für Drogenfragen. Bern, Mai 1999, S. 51

53 Körner, H. H., Betäubungsmittelgesetz Arzneimittelgesetz. Beck'sche Kurzkommentare, Band 37. München: C. H. Beck, 1994, S. 3 ff.
54 Leonhard, R. W., Haschisch Report. Dokumente und Fakten zur Beurteilung eines sogenannten Rauschgiftes. München: Piper, 1970
55 Cannabisbericht der EKDF, S. 39 ff.
56 Müller, R., H. Fahrenkrug und S. Müller, Cannabis auf der Schwelle zum legalen Rauschmittel. Eine Repräsentativstudie zum Phänomen »Cannabis«: Konsum, Einstellungen, Politik. Lausanne, 2001
57 Cannabisbericht, S. 55 ff.
58 Die Wochenzeitung, 17. 10. 2002
59 Tages-Anzeiger Zürich, 13. 12. 2001
60 Cannabisbericht der EKDF, S. 19
61 Die Weltwoche, 50/2002
62 Suchtreport, 5/2000
63 Suchtreport, 2/2001
64 Süddeutsche Zeitung, 21. 2. 2003
65 Report of the International Narcotics Control Board for 2001. New York, 2002, S. 70
66 Chomsky, N., The Attack. Hintergründe und Folgen. Hamburg/Wien: Europa Verlag 2002, S. 29
67 Roth, J., Netzwerke des Terrors. Hamburg/Wien: Europa Verlag, 2001
68 Le Monde Diplomatique, 3/2000
69 Süddeutsche Zeitung, 22. 10. 2002
70 Report of the INCB for 2001, S. 4
71 Süddeutsche Zeitung, 14. 6. 2002
72 Süddeutsche Zeitung, 15. 1. 2003
73 Suchtreport, 4/2001, S. 19
74 Chomsky, N., Profit Over People. Neoliberalismus und globale Weltordnung. Hamburg/Wien: Europa Verlag, 2000, S. 63
75 Süddeutsche Zeitung, 11. 9. 2002
76 Chomsky, N., S. 63
77 Suchtreport, 4/2001, S. 17
78 Thamm, G. G., und K. Freiberg, Mafia global. Organisiertes Verbrechen auf dem Sprung in das 21. Jahrhundert. Hilden: Verlag Deutsche Polizeiliteratur, 1998, S. 136
79 Suchtreport, 4/2001, S. 14
80 Le Monde Diplomatique, 1/ 2001
81 García Márquez, G., Nachricht von einer Entführung. Köln: Kiepenheuer und Witsch, 1998, S.8

82 Le Monde Diplomatique, 2/1991
83 Neue Zürcher Zeitung, 8. 9. 1999
84 Le Monde Diplomatique, 1/2001
85 Konkret, 7/2002
86 Bülow, A. von, Im Namen des Staates. CIA, BND und die kriminellen Machenschaften der Geheimdienste. München/ Zürich: Piper, 1998, S. 220
87 Die Wochenzeitung, 6. 2. 2003
88 Frankfurter Allgemeine Zeitung, 4. 5. 2001
89 Bülow, A. von, S. 173
90 Die Woche, 4. 1. 2002
91 Süddeutsche Zeitung, 15. 3. 2002
92 Süddeutsche Zeitung, 18. 4. 2002
93 Le Monde Diplomatique, 6/2002
94 Le Monde Diplomatique, 2/2002
95 Böllinger, L., Fragen der Verfassungsmäßigkeit des BtMG. Trennung der illegalen Drogenmärkte. Expertenanhörung der SPD-Bundestagsfraktion, 7. 11. 1992 in Bonn
96 Böllinger, L., a.a.O.
97 Böllinger, L., a.a.O.
98 Busch, H., Polizeiliche Drogenbekämpfung – eine internationale Verstrickung. Münster: Westfälisches Dampfboot, 1999, S. 16
99 Neue Zürcher Zeitung, 21. 2. 2001
100 Ministerium für Auswärtige Angelegenheiten, Die niederländische Drogenpolitik. Kontinuität und Wandel. Rijswijk, 1995, S. 13
101 INCB Report 2001, S. 4
102 INCB Report 2001, S. iv
103 EKDF, Cannabisbericht, S. 98
104 Müller, R., et al., a.a.O.
105 Die Wochenzeitung, 17. 1. 2002
106 Bundesministerium für Gesundheit und Soziale Sicherung. Pressemitteilung. Berlin, April 2003
107 EKDF, Cannabisbericht, S. 8
108 EKDF, Cannabisbericht, S. 9
109 Müller, R., et al., S. 23
110 EKDF, S. 10
111 Aarburg, H. P. von, Image-Wandel des Heroins durch ärztliche Verschreibungsprogramme. Skizze für ein Forschungsprojekt, Stand 5. 8. 1997
112 Ullmann, R., Zur Arbeitsfähigkeit von substituierten Heroinabhängigen. Subletter, 8. 7. 2002

113 Ullmann, R., a.a.O.
114 Schippers, G. M., und E. Cramer, Kontrollierter Gebrauch von Heroin und Kokain. Suchttherapie 2002, 3, S. 71–80
115 Schippers, G. M., a.a.O.
116 Schippers, G. M., a.a.O.
117 Schippers, G. M., a.a.O.
118 Schippers, G. M., a.a.O.
119 Haasen, C., und M. Prinzleve, Suchttherapie 2002, 3, S. 2–7
120 a.a.O.
121 Chomsky, N., Profit over People, S. 83
122 Süddeutsche Zeitung, 3. 12. 2002
123 Süddeutsche Zeitung, 18. 7. 2001
124 Bundesministerium für Gesundheit und Soziale Sicherung, Pressemitteilung Nr. 72, 17. 4. 2003
125 Nickel, V., Staatliche Reglementierung oder Selbstordnung der Werbebranche.Vortrag. Mainz, 25. 4. 2000, S. 9
126 Nickel, V., a.a.O., S. 11
127 Le Monde Diplomatique, 5/2000
128 Hanewinkel, R., und J. Pohl, Werbung und Tabakkonsum. Wirkungsanalyse unter besonderer Berücksichtigung von Kindern und Jugendlichen. Kiel: IFT- Nord, 1998, S. 24
129 a.a.O., S. 24
130 a.a.O., S. 21
131 Süddeutsche Zeitung, 2./3. 11. 2002
132 Hanewinkel, R., a.a.O., S. 2
133 Hanewinkel, R., a.a.O., S. 10
134 Hanewinkel, R., a.a.O., S. 12
135 Drogenpolitisches Memorandum, Die Drogenpolitik in Deutschland braucht eine neue Logik – Forderungen zu einem drogenpolitischen Neubeginn. Berlin, 1998
136 a.a.O., S. 2
137 Quelle: Jahrbuch Sucht 2003
138 Memorandum, a.a.O., S. 2
139 a.a.O., S. 4
140 Mitschrift eines Vortrags von Jakob Tanner, gehalten 1998 in Zürich; analoge Ausführungen etwa in: Tanner, J., Drogenpolitik, therapeutische Gesellschaft und kriminelle Karriere. In: Drogalkohol Nr. 3. Lausanne, 1990, S. 163
141 Schmid, H., Sozialpsychologie des Risikoverhaltens. Subjektive und objektive Risikoeinschätzung gesundheitsrelevanter Verhaltensweisen. Lausanne: SFA, 1997, S. 129 ff.
142 SFA, a.a.O.
143 SFA, a.a.O.

144 Rieckmann, H.-J., Für eine Politisierung der Diskussion um Drogenpolitik und Drogenkonsum. Drogen-Disco, Beitrag 1, 5/2000

145 Legnaro, A., Der flexible Mensch und seine Selbstkontrolle – eine Skizze. Drogen-Disco, Beitrag 11, 1/2001

146 Legnaro, A., Drogenkonsum in der Kontrollgesellschaft. BZgA, Band 19. Köln, 2002, S. 104

147 Tanner, J., Sucht und Drogen aus historischer Sicht. In: Bulletin für die Eltern 18/2. Sucht – Einsichten und Konsequenzen. Bündner Kantonsschule und die Suchtpräventionsstelle Graubünden. Chur, 1996, S. 7

148 Newsweek, 32/1986

149 New York Times, 8.6.1998

150 a.a.O.

151 Subkommission »Drogenfragen« der Eidgenössischen Betäubungsmittelkommission, Drogenpolitische Szenarien. Juni 1996

152 Fischer B., Illegale Opiatsucht. Behandlung und ökonomische Kostenforschung – Ein beispielhafter Überblick und eine Diskussion aus sozialwissenschaftlicher Perspektive. Suchttherapie 2003, 4, S. 2–7